W0236201

Liebe Leserinnen, liebe Leser!

Es wird Ihnen ähnlich gehen wie mir: Wenn ich an die Normandie denke, fallen mir als Erstes die abwechslungsreiche Küste und das Meer ein: die schicken Seebäder der Blumenküste, die umbrandeten Felsenkaps des Cotentin, die hellen Kreideklippen von Étretat. Kleine Strandbuchten und hübsche Fischereihäfen, in deren Restaurants vorzügliche Austern und Jakobsmuscheln „à la normande" angeboten werden. Und auch die weiten Strände der Perlmuttküste, an denen sich Strandsegler und Muschelsucher tummeln und wo die Erinnerung an die alliierte Invasion am D-Day 1944 noch wach ist, fallen mir ein.

Der Duft nach Äpfeln

Erst dann kommt mir das Hinterland der Normandie in den Sinn – was aber nicht heißen soll, dass es wirklich an zweiter Stelle steht. Denn die Landschaft mit ihren saftigen Wiesen, kleinen Bächen, sanften Tälern, mit Schluchten und Buchenwäldern ist einfach hinreißend. Nicht zu vergessen die riesigen Apfelplantagen. Die sind wichtig für das Nationalgetränk der Normandie – jedes Jahr im Herbst wird die Ernte zu moussierendem Apfelwein, dem „Cidre", und dem hochprozentigen „Calvados" verarbeitet.

Schlemmerdestination par excellence

Apropos, die Normandie ist eine Schlemmerdestination par excellence. Hier erwarten Sie ganz besondere kulinarische Erlebnisse. Sei es der Besuch einer Austernfarm, ein Bauernmarkt, ein besonderer Kochkurs oder der Genuss eines normannischen Picknicks. Ihre „Lieblings-Genüsse" hat Hilke Maunder auf S. 80 für Sie zusammengestellt. Übrigens sind auch die Feste und Festivals eine gute Gelegenheit die regionalen Produkte zu kosten. Bei welchen Events Sie dabei sein müssen, erfahren Sie auf S. 110.
Herzlich

Ihre

Birgit Borowski
Programmleiterin DuMont Bildatlas

Der Hamburger Fotograf **Michael Pasdzior** hat in zahlreichen nationalen und internationalen Zeitschriften veröffentlicht und ist Bildautor renommierter Verlage.

Hilke Maunder, freie Journalistin und Reisebuchautorin aus Hamburg, liebt die vielen Facetten der Normandie – und ihre Küche.

86 Die Westküste der Halbinsel des Cotentin wird von breiten Sandstränden gesäumt – hier bei Vauville.

102 Enge Straßen, urige Dörfer: Fernab vom Meer zeigt das Land in der Normannischen Schweiz ein raues, oft auch ärmeres Gesicht.

30 Mal er, Literaten und Prinzessinnen haben sich in der Normandie herrliche Rückzugsorte geschaffen, umgeben von prächtigen Gärten.

Impressionen

8 Klippen und Häfen, dazu Fachwerk, Strände und flüssige Kostbarkeiten – das alles ist die Normandie.

Rouen und das Seine-Tal

22 **Jedem die Seine**
Der Fluss ist die Lebensader des Landes. Lichte Buchenwälder und prächtige Kathedralen säumen seine Ufer.

DUMONT THEMA
30 **Garten am Meer**
Der milde Golfstrom macht die Normandie zum Garten am Meer.

34 **Straßenkarte**
35 **Infos & Empfehlungen**

Alabasterküste

38 **Dramatische Kulisse für die Kunst**
100 Meter hoch bricht das Kalksteinplateau ins Meer: eine 120 Kilometer lange Kulisse für Künstler, die besonders die Felsen von Étretat inspirierten.

DUMONT THEMA
48 **Poesie in Beton**
In den 1950er-Jahren entstand das durch den Krieg stark zerstörte Le Havre im Stil der klassizistischen Moderne neu. Die moderne Architektur der Stadt beeindruckte sogar die UNESCO.

50 **Straßenkarte**
51 **Infos & Empfehlungen**

UNSERE FAVORITEN

Best of ...

20 **Ganz besondere Unterkünfte**
In der Normandie verstecken sich wunderschöne Unterkünfte.

80 **Kulinarische Erlebnisse**
Kochkurse, Events, Märkte: die Normandie eine Schlemmerdestination par excellence.

110 **Die schönsten Festivals und Events**
Das ganze Jahr hindurch ist der Veranstaltungskalender der Normandie prall gefüllt.

48 „Mein Beton ist schöner als Stein",
behauptete Auguste Perret,
unter dessen Federführung in
den 1950er-Jahren das kriegszerstörte Le Havre im kühnen Stil
der Moderne neu entstand.

Blumenküste

54 **Savoir vivre à la Normandie**
Hinter der kurzen Côte Fleurie gilt das Pays d'Auge
mit seinen blühenden Apfelhainen als Herz der
Normandie.

DUMONT THEMA
64 **Cidre, Calvados & Co.**
Die Normannen haben Cidre im Blut. Apfelwein
ist das Nationalgetränk.

68 **Straßenkarte**
69 **Infos & Empfehlungen**

Perlmuttküste

72 **Heller Sand und weiße Kreuze**
An den Stränden der Côte du Nacre begann 1944
die Befreiung von der Nazi-Diktatur.

82 **Straßenkarte**
83 **Infos & Empfehlungen**

Cotentin & Mont St-Michel

86 **Felsiger Finger ins Meer**
Wilde Felsen und einsame Strände rahmen
die Halbinsel im Osten. Lieblicher gibt sich die
Westküste.

DUMONT THEMA
96 **Wieder eine Insel**
Mont St-Michel wird nach umfangreicher
Renaturierung wieder vom Meer umspült.

98 **Straßenkarte**
99 **Infos & Empfehlungen**

Normannische Schweiz

102 **Schluchten und Spitzen**
Tiefe Abgründe, hohe Felsen und muntere Flüsse:
Auch dies ist die Normandie – fern vom Meer.

112 **Straßenkarte**
113 **Infos & Empfehlungen**

Anhang

116 **Service – Daten und Fakten**
121 **Register, Impressum**
122 **Lieferbare Ausgaben**

Genießen   Erleben   Erfahren

37 **Malen wie Monet**
Künstler zeigen in Kursen vor Ort, wie es geht.

53 **Segeln mit Tante Fine**
Ahoi auf einem Segelschiff

71 **Wat(t) für ein Rennen!**
Skurriles Pferderennen im Schlick vor
Jullouville

85 **Radeln auf der Mühlenroute**
Im Hügelland des Bessin

101 **Pêche à pied**
Volkshobby
Austernsammeln

115 **Wasserfall-Wanderung**
Zum Schauspiel der Bäche

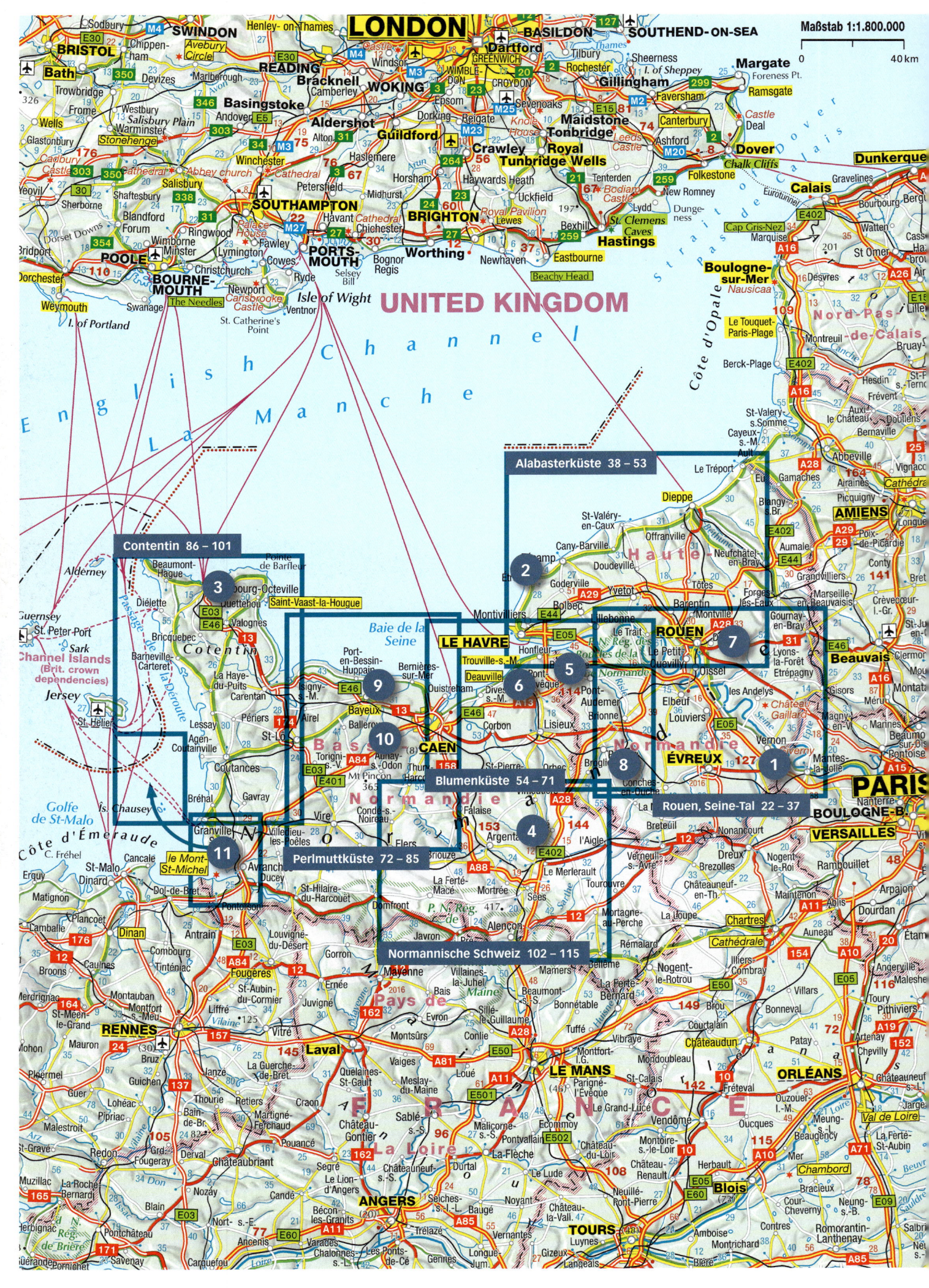

Topziele

Die bedeutendsten Sehenswürdigkeiten der Normandie und Erlebnisse, die Sie keinesfalls versäumen dürfen, haben wir auf dieser Seite für Sie zusammengestellt. Auf den Infoseiten ist das jeweilige Highlight als **TOPZIEL** *gekennzeichnet.*

NATUR

1 Claude Monet in Giverny: Genau hier entstanden die Seerosenbilder – im verwunschenen Garten des impressionistischen Malerfürsten. **Seite 37**

2 Kreideklippen von Étretat: Dramatik pur: Abrupt stürzen an der Côte d'Albâtre Europas höchste Klippen kreidebleich ins Meer. **Seite 52**

3 Cité de la Mer in Cherbourg: Aquarium der Superlative in den prachtvollen Hallen des alten Überseehafens. **Seite 99**

4 Haras National du Pin: Ein Schloss für edle Rösser: Das „Versailles der Pferde" ist Frankreichs berühmtestes Gestüt. **Seite 114**

6 Promenade von Deauville: Das mondänste Seebad am Ärmelkanal. **Seite 70**

ERLEBEN

5 Altstadt von Honfleur: Der schönste Hafen der Normandie: Rund um das malerische Hafenbecken Vieux Bassin herrscht eine Stimmung wie damals zur Zeit der Korsaren. **Seite 69**

KULTUR

7 Notre-Dame in Rouen: Das „gotische Gebirge": Die Kathedrale der Seinestadt macht einfach atemlos. **Seite 35**

8 Château de Beaumesnil: Im „Normannischen Versailles" wähnt sich der Besucher zurückversetzt in die Zeit von König Ludwig XIII. **Seite 37**

9 Arromanches-les-Bains: Sie beeindrucken noch heute und machen nachdenklich: die Reste des britischen Landungshafens vom „Längsten Tag" 1944. **Seite 83**

10 Centre Guilleaume-le-Conquérant: Knapp 70 Meter lang ist der Teppich von Bayeux. Im Stil eines historischen Comicstrips schildert er die Heldentaten von Wilhelm dem Eroberer. **Seite 84**

11 Gottesburg Mont St-Michel: Von Wassern umspültes Weltwunder: Der kolossale Klosterberg im Watt ist das Ziel von Pilgern aus aller Welt. **Seite 101**

Himmel, Fels und das Meer

Die höchsten Klippen Europas liegen an
der Côte d'Albâtre und bieten einen dra-
matischen Anblick. Bei Étretat formen die
Kreideklippen ein bizarres Felsentor.

Die Wiege der französischen Schifffahrt

Bereits 1504 fischten Männer aus Honfleur vor der Küste Neufundlands. Später wurde Fécamp Haupthafen der Hochseefischer, stachen von Dieppe aus Kaperkapitäne in See – im Auftrag der Krone. Heute wickeln die normannischen Häfen Cherbourg (Foto), Dieppe und Le Havre die Hälfte des gesamten französischen Außenhandels ab. Und in den kleinen Häfen genießen Freizeitskipper den Blick auf schiefergedeckte Hafenhäuser und idyllisch beleuchtete Kais.

Große Vergangenheit

....

Am Seeweg zwischen Atlantik und Nordsee
war die Normandie Jahrtausende Schauplatz
der Geschichte. Kelten und Römer besiedel-
ten das Land, Namensgeber aber wurden die
Wikinger, die „Nordmannen". Im Zweiten
Weltkrieg rückte die Normandie mit dem
D-Day erneut ins Zentrum des Weltgeschehens.
Nach Kriegsende machte man sich an den
Wiederaufbau der zerstörten Städte. Rouen
gilt als ein besonders gelungenes Beispiel.

Insel der Mönche

Eine der berühmtesten Sehenswürdigkeiten von ganz Frankreich ist der sagenumwobene Klosterberg Mont St-Michel. Zu dieser „wunderbaren Pyramide", wie Victor Hugo ihn nannte, führt seit 2015 eine schlanke Fußgängerbrücke anstelle des massiven Damms.

Es lebe die Kunst

Die Normandie faszinierte zahlreiche Künstler, darunter Claude Monet. Heute ziehen Kreative mit ihrer Staffelei hinaus in die Natur oder lassen sich von der Blütenpracht Monets Garten in Giverny inspirieren, wo Malerin Patricia Dodin Künstlerkurse gibt.

Strandvergnügen mit Stil

Ein englischer Arzt hatte im 18. Jahrhundert
die Mode der Seebäder eingeführt. Auch die
betuchte Pariser Gesellschaft fühlte sich animiert
– der Badetourismus war geboren. Bis heute
sonnt man sich in Bädern wie Cabourg (Foto),
Houlgate, Trouville und Deauville im Glanz der
Belle Époque. Im Hinterland warten Golfplätze,
ein dichtes Netz von Wander- und Radwegen
und die Sättel prächtiger Pferde auf Aktive.

Ungewöhnliche Hotels

Ganz besondere Unterkünfte

Nostalgische Schlosshotels, luxuriöse Badetempel im Stil der Belle Époque, romantische Garten-Gîtes oder Strandhütten voller Charme – in der Normandie verstecken sich wunderschöne Unterkünfte, die unvergessliche Urlaubstage garantieren.

2 Le Manoir de la Campagne

Das liebevoll restaurierte Fachwerkhaus birgt vier elegant-komfortable Gästezimmer, die mit Bedacht und zeitgenössischem Geschmack eingerichtet wurden. Ein Traum: die Terrasse (Foto S. 118).

€€/€€€ Le Manoir de la Campagne, 499, route Raffetot, Hameau de la campagne, 76640 Yébleron, Tel. 02 35 95 37 41 , www.face book.com/Le-Manoir-de-la-campagne-689075897822218

1 Les Cures Marines

Im historischen Thalassotherapiezentrum von 1912 eröffnete 2015 ein Fünfsternehaus, das an die ersten Seebäder erinnert. Jean-Philippe Nuel gestaltete die 103 Zimmer und sechs Suiten in Weiß, Grau und Blau.

€€€/€€€€ Les Cures Marines, Boulevard de la Cahotte, 14360 Trouville Tel. 02 31 14 42 80 www.accor.com

3 La Dîme

200 Meter von Monets Garten in Giverny entfernt, hat Frederique Bonnet ein Anwesen aus dem 18. Jahrhundert in fünf charmante chambre d'hôte verwandelt – mit Himmelbett, Antiquitäten aus Holz und ausgesuchten Details, die nostalgisches Flair mit Komfort von heute verbinden.

€€/€€€ La Dîme de Giverny 2, rue de la Dîme, 27620 Giverny, Tel. 06 20 83 28 90 www.ladimedegiverny.com

4 Laiterie de Tocqueville

Die stillgelegte Molkerei von Tocqueville (5 km von Barfleur) verwandelten Laurence Hiver und Patrick Bertheau in eine bezaubernde Unterkunft. Im Haupthaus richtete das Paar mit Antiquitäten vom Flohmarkt und Design-Ikonen wie Patton-Stühlen fünf geräumige Gästezimmer ein. Die Garage verwandelten sie in ein Loft , den einstigen Wohnsitz des Direktors in eine Ferienwohnung.

€/€€ Laiterie de Tocqueville 15, rue de la Gare 50330 Tocqueville Tel. 02 14 14 42 21 , www. laiterie-tocqueville.com

5 Gîte Combier

Nur der Adel durfte einst Taubenhäuser besitzen, die als eckige oder runde Türmchen kunstvoll verziert mit Fachwerk oder Bänderkeramik in der Nähe eines Schlosses oder eines herrschaftlichen Hauses stehen. Einen haben Michèle und Yves Bouquet in eine behaglich-rustikale Ferienwohnung für bis zu sechs Personen verwandelt: mit Balken und Steinmauern, einem Bett mit Baldachin und Kamin im Salon.

€€ Gîte Colombier 126, bout de la ville 76550 Offranville, Tel. 02 35 85 40 50 www.gite-colombier.fr nur wochenweise

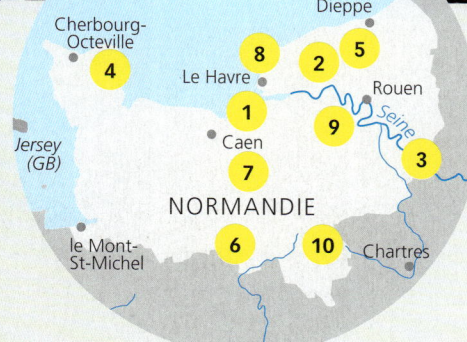

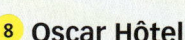

Ärmelkanal

Cherbourg-
Octeville

Dieppe

8 2 5

4   Le Havre

Rouen

1

9   Seine

Jersey
(GB)

Caen

3

7

NORMANDIE

le Mont-
St-Michel

6   10

Chartres

6 Le vieux Château

„Bienvenue auf meiner Burg!": So begrüßt Donna McDougall ihre Gäste, die bei ihr im Tal der Renouard mitten in der grünhügeligen Perche in drei komfortablen wie geräumigen Zimmern übernachten, die nicht nur vom Interieur her äußerst geschichtsträchtig sind. Über acht Jahrhunderte hinweg war die mittelalterliche Burg mit Fundamenten von 1060 im Besitz der adligen Bailleuls gewesen. Eine junge Frau aus einer Seitenlinie der Familie war Charlotte Corday. Sie hatte während der Französischen Revolution den radikalen Politiker Jean Paul Marat getötet. Ihr Portrait hängt über dem Kamin im Salon der Burg …

€€/€€€ Le Vieux Château
61120 Le Renouard
Tel. 02 33 12 88 16
www.levieuxchateau
lerenouard.com

7 Domaine de la Cour au Grip

Calvados, Cidre und Käse wurden einst auf dem alten Fachwerk-Bauernhof an der Route du Cidre hergestellt. Heute kann man hier bei Paulette und Patrick Esnard ganz stilgerecht logieren: im Doppelbett im 10 000 Liter großen Cidrefass! Nachts scheinen die Sterne zum Greifen nah, morgens schweift der Blick über die liebliche Landschaft des weiten Vallée d'Auge. Und während die Vögel zwitschern und junge Pferde über die Bahnen des nahen Staatsgestüts galoppieren, serviert Pauline ein Frühstück, das bis abends satt macht, wenn Pauline auf der Eiche der alten Presse herzhafte Normannenküche auftischt.

€/€€ Domaine de la Cour au Grip, 14340 Repentigny
Tel. 02 31 63 85 85
www.normandieinsolite-lacouraugrip.fr

8 Oscar Hôtel

Le Havre ist die reinste „Poesie in Beton". Mitten im Welterbe hat Nathalie Jegousson ihr Oscar Hôtel im Stil der Fifties eingerichtet – mit Nussbaummöbeln der in den 1950er-Jahren sehr angesagten französischen Möbel-Marke Oscar, Baumwollvorhängen in großen geometrischen Mustern und rotem Läufer, der von den Zimmern zum kleinen Frühstücksraum führt, wo sie auch Langschläfern ein opulentes Frühstück mit vier Brotsorten, hausgemachtem Apfelkompott und Joghurt von glücklichen Kühen serviert.

€/€€ Oscar Hôtel, 106, rue Voltaire, 76600 Le Havre
Tel. 02 35 42 39 77
www.hotel-oscar.fr

9 Relais du Passage de la Roche

Françoise Rose hat jedes Zimmer im Stil des Landes oder der Region gestylt, in dem sie gelebt hat. Heute wohnt die Weltenbummlerin direkt am Ufer der Seine umgeben von Apfelhainen und Kuhweiden. Morgens ertönt eine Schiffssirene. Françoise hat schon Kaffee gekocht; Croissants liegen im Korb, selbst gemachte Marmelade steht auf dem Tisch, und ein Zweig voller Äpfel ragt durchs Fenster.

€ Le Relais du Passage de La Roche, Rue de la Roche, 76480 Le Mesnil-sous-Jumièges, Tel. 06 63 01 11 79
http://lerelaisdupassage delaroche.chez-alice.fr/topic/index.html

10 Perché dans le Perche

Kuschelnächte in der Kastanie: Dieser Kindheitstraum wird in der Orne wahr. Mit Geschick haben Claire Stickland und Ivan Payonne dort in eine 200 Jahre alte Kastanie ein Baumhaus gebaut. Seine 40 qm Wohnfläche verteilen sich auf ein Schlafzimmer mit Doppelbett, einen Salon mit Kochnische sowie Dusche und WC. Ebenfalls in den Ästen liegt die Terrasse (Foto S. 118) – ein Refugium zum Lesen, Träumen, surfen im WLAN oder für eine Nacht im Freien…

€€ Perché dans le Perche La Renardière
61130 Bellou-le-Trichard
Tel. 02 33 25 57 96 , www.per chedansleperche.com

Jedem die Seine

Der Fluss, der sich als blaues Band in weiten Schleifen von den Klippen der Küste Richtung Paris windet, hat jahrhundertelang die Geschichte und die Geschicke der Normandie geprägt. Die Seine war florierende Handelsroute und feindliches Einfallstor, Lebensader von Paris und Refugium der Natur, Strom der Geschichte und Katalysator der Kunst. Von den Abteien auf ihren Auwiesen gingen Impulse für das Abendland aus, von Giverny aus begeisterte Claude Monet die Kunstwelt für den Impressionismus, in Rouen starb Frankreichs Schutzherrin Jeanne d'Arc auf dem Scheiterhaufen.

Die berühmtesten Seerosen der Kunstgeschichte blühen in Claude Monets Garten in Giverny, 75 km westlich von Paris.

Himmelhoch streben die Pfeiler der Kathedrale von Rouen (ganz oben). Ein Schmuckstück in der Kathedrale ist das Grab von Herzog Rollo – des ersten christlichen Wikingers (oben). Der Vierungsturm der einstigen Abteikirche St-Ouen wird „Krone der Normandie" genannt (rechts).

Fayence-Maler in der Damiette

Ein Traum aus Fachwerk: Rouens Rue du Gros Horlage führt direkt auf die Kathedrale zu.

In Rouen, der „Stadt der hundert Türme", wetteiferten die Kirchen um die höchste Spitze.

Die Geschicke der Normandie sind untrennbar mit ihrem größten Fluss verbunden: der Seine. Der große Strom im Norden Frankreichs lässt sich Zeit auf seinem Weg zum Meer. Von Paris bis zur Mündung windet er sich auf 250 Flusskilometern in weiten Schleifen vorbei an Prachtbauten von Adel und Klerus, malerischen Burgen, imposanten Brücken, Fischerhäfen und Fachwerkdörfern. Auwälder wechseln mit Kalksteinklippen, jede Biegung bringt neue Ausblicke. Hinter Rouen gleiten Containerschiffe unter den hohen Schrägseilbrücken von Brotonne, Tancarville und dem Pont de Normandie hindurch, oberhalb tuckern Péniches, schwer beladene Lastkähne, nach Paris – bis heute ist das breite, gewundene Band der Seine die Lebensader der Île de France.

Ein Blick in vergangene Zeiten

Seit der Altsteinzeit siedeln Menschen an den Ufern der Seine. Etwa 500 Jahre vor der Zeitenwende kamen die Kelten, gut 400 Jahre später die Römer, die Städte wie Rouen, Bayeux, Coutances, Cherbourg, Lisieux und Évreux gründeten – in Lillebonne blieben Reste eines Amphitheaters erhalten. Nach dem Zusammenbruch des Römischen Reiches besetzten Franken das Gebiet der heutigen Normandie. Auch ihre Herrschaft war nicht von langer Dauer – ab 820 erschienen Wikinger aus Dänemark und Norwegen mit flachen, wendigen Drachenbooten auf der Seine und plünderten Kirchen und Klöster – 855 sogar zum fünften Mal Paris. Kehrten sie anfangs noch mit der Beute in die Heimat zurück, blieben sie später in der vergleichsweise paradiesischen Normandie.

911 war Frankenkönig Karl der Einfältige so schlau, im Friedensvertrag von St-Clair-sur-Épte die Machtverhältnisse anzuerkennen und den Wikingern das eroberte Land als Lehen zu gewähren. Als Bedingung forderte er die Christianisierung. Ihr Anführer Rollo ließ sich taufen, die zerstörten romanischen Kirchen wieder aufbauen und wurde 912 Herzog der Normandie. Sein Nachfahre Wilhelm eroberte im Oktober 1066 England – und brachte den französischen König in Bedrängnis: Dessen Untertan war zum König aufgestiegen – und das konnte nicht gut gehen. Die immer wieder aufflackernden Auseinandersetzungen zwischen den normannischen Königen in England und der französischen Krone verdichteten sich zum Hundertjährigen Krieg, in dessen Verlauf die Normandie zwischen englischer Besetzung und französischer Wiedereroberung hin- und hergerissen wurde.

Leckere Zwischenmahlzeit: frische Crêpes

Hoch über Les Andelys stehen noch Reste der einst mächtigen Löwenherz-Feste Gaillard.

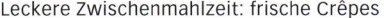

Bis ins 18. Jahrhundert standen auf der alten Seine-Brücke bei Vernon zahlreiche Wassermühlen – diese eine blieb erhalten und wurde restauriert.

Besuchermagnet bei jedem Wetter: der Monet-Garten in Giverny

Special

Eine heilige Heldin

....

Ein Bauernkind, das nicht lesen und schreiben konnte, brachte die Wende im Hundertjährigen Krieg (1337–1453) um die französische Krone: Jeanne d'Arc.
1429 befreite sie an der Spitze eines 3000 Mann starken Heeres das von Engländern eingeschlossene Orléans und veranlasste den französischen Kronprinzen, sich in Reims als Karl VII. zum König krönen zu lassen. Einzig die Burgunder verweigerten sich den neuen Verhältnissen. 1430 nahmen sie Jeanne d'Arc gefangen und lieferten sie an England aus. Ein Jahr später wurde die Schutzpatronin Frankreichs nach einem Hexenprozess in Rouen als Ketzerin auf dem Scheiterhaufen verbrannt. Doch die Macht der Engländer war gebrochen. 1920 wurde Jeanne d'Arc heilig gesprochen.

Vom Widerstand gegen Frankreich erzählt bis heute eine imposante Ruine hoch über der Seine: Château Gaillard bei Les Andelys, von Richard Löwenherz Ende des 12. Jahrhunderts nach den „modernsten" Kriterien des damaligen Festungsbaus errichtet – mit den ersten Pechnasen des Mittelalters und Kettenbarrieren im Fluss.

Glanzzeit der Kirchenkunst

Außergewöhnlich stark haben auch die Abteien die Geschichte der Normandie geprägt – als Mittelpunkte der Kultur und des Wissens, aber auch als Zentren der Macht. Ihre Blütezeit erlebten sie unter den normannischen Herzögen im 11. und 12. Jahrhundert, als die Normandie der reichste und mächtigste Staat Europas war. Von den 120 Abteien der Glanzzeit sind heute noch 60 vorhanden. Einige sind wie Bec-Hellouin noch spirituelle Zentren, andere grandiose Ruinen wie Hambye und Jumièges, wo im 9. Jahrhundert Bayernherzog Tassilo als Mönch Schutz fand. In der nahen Abtei St-Wandrille war Abt Enghard Biograph Kaiser Karls des Großen. Zwei Orden taten sich besonders hervor: die Prämonstranten, die in Ardenne und La Lucerne ihre schönsten Zeugnisse hinterließen, und die Benediktiner, die architektonische Neuerungen einführten – in der

späten Romanik waren das Tonnen- und Kreuzgratgewölbe wie auf dem Mont St-Michel zu sehen, später bautechnisch komplizierte Kreuzrippengewölbe wie in der Abtei von Lessay auf dem Cotentin.

Normannische Architekturblüte

Vorbild und bis heute größtes Gotteshaus der normannischen Romanik wurde St-Étienne, die Grabkirche Wilhelm des Eroberers in Caen, in deren Inneres die „Laterne" des Vierungsturms am Schnittpunkt von Lang- und Querschiff ein „himmlisches Licht" wirft. Auch die Kathedralen von Coutances, Sées und Évreux gehören zu den Höhepunkten der normannischen Kathedralkunst.

In Rouen, der „Stadt der 100 Türme", wetteiferte seit dem 11. Jahrhundert besonders eine Kirchenspitze mit der Kathedrale: die ehemalige Benediktinerabtei St-Ouen. Mit „nur" 130 m Höhe ist ihr prunkvoller gotischer Vierungsturm heute nur die Nummer zwei in der Skyline der einstigen Hauptstadt der Normandie. Die Kathedrale indes besitzt mit 152 Metern eine der höchsten Kirchturmspitzen Frankreichs.

Direkt dem Gotteshaus gegenüber, an der place de la Cathédrale 23, hatte ein Mann sein Atelier, der das Gotteshaus

Hinter obstbaumbestandenen Weiden: typisches Bauernhaus mit normannischem Fachwerk

Die Normandie ist unverändert von Landwirtschaft geprägt. Viehzucht und Milchproduktion, wie hier im Marais Vernier, sowie der Apfelanbau spielen die größte Rolle.

Pappelreihen sorgten einst in den weiten Ebenen für Entwässerung.

Flamboyantstil | Special

Der Stil der Flammen

Kennzeichnend für die normannische Kirchenbaukunst wurde eine Stilvariante der Spätgotik: der Flamboyantstil, 1380 im Werk des französischen Hofarchitekten Guy de Dammartin auftauchte und mit Höhepunkt in den Jahrzehnten nach Ende des Hundertjährigen Krieges 1453. Charakteristisch sind züngelnd flackernde Fischblasenornamente, die wie eine vom Wind bewegte Kerzenflamme das Maßwerk zieren. Die Ornamentik gibt sich verspielt und filigran; die Rippen überzieht ein Netzwerk komplizierter Muster. Bei einigen Kirchen, so auch der Kathedrale von Rouen, wurde der Flamboyantstil erst nachträglich angebracht. Unter den Profanbauten gilt der Justizpalast in Rouen als größtes und schönstes Beispiel dieses Stils.

von 1892 bis 1894 insgesamt 24 Mal in wechselndem Licht auf die Leinwand bannte: Claude Monet. Heute wird hier nach Rezepten aus Monets „Carnet de Voyage" getafelt, bis eine faszinierende Ton-Licht-Schau des Nachts die Motive Monets von Juni bis September auf die Fassade der Kathedrale wirft – Impressionismus als Happening der Pixelkunst.

Der Garten des Künstlers

Monets Werke machten das Seine-Tal zur Wiege des Impressionismus. 1883 hatte der Maler aus Le Havre, der mit seinem Bild „Impression, soleil levant" einer ganzen Stilrichtung ihren Namen gab, in Giverny die einstige Apfelpresse des kleinen Dorfes gemietet, die er 1890 kaufen konnte und in der er bis zu seinem Tod 1926 lebte. Zum Anwesen gehörte ein verwilderter Obstgarten, den er in ein üppig duftendes Blütenmeer verwandelte. 1893 erweiterte Monet den Garten, den mittlerweile sechs Gärtner pflegten, um ein Stückchen Land am Ru, einem Seitenarm der Epte. Auch hier formte der Maler die Motive seiner Werke in der Natur vor: einen Wassergarten mit grüner japanischer Brücke und perlmuttschimmernden Seerosen – festgehalten auf monumentalen „Seerosenbildern", die nun im Musée de l'Orangerie des Tuileries in Paris zu

sehen sind. Heute spazieren Jahr für Jahr mehr als eine halbe Million Kunstfreunde aus allen Erdteilen durch das botanische Kunstwerk und entdecken hier die Wurzeln von Monets Kunst.

Idyllische Seine-Schlingen

Bevor die Seine hinter Le Havre ins Meer mündet, durchläuft sie eine fast vergessene Landschaft, in der schon zahlreiche Werbefotos des „typisch" ländlichen Frankreich geschossen wurden. Die nördlichen drei Halbinseln bedecken die Eichen- und Buchenwälder des Forêt de Brotonne, auf dessen stillen Wegen am Wochenende Ausflügler aus Rouen unterwegs sind. Von Vatteville aus radeln sie auf der Route des Chaumières, der „Straße der Strohhütten", vorbei an uralten reetgedeckten Fachwerkhäusern bis Azier und Vieux Port. Südlich davon birgt das Schutzgebiet des Marais Vernier den einzigen Sumpf der Normandie: la Grand'Mare. Auf seinen feuchten Wiesen wachsen Sonnentau und Affen-Knabenkraut. Im Süden der weiten Marschlandschaft grasen Shetland-Schafe, schottische Rinder und normannische „Pie-Noir"-Kühe und erhalten so die einzigartige Kulturlandschaft der „Courtils de Bouquelin", traditioneller Weiden, die exakt einen Kilometer lang, aber nur wenige Meter breit sind.

GÄRTEN DER NORMANDIE

Garten am Meer

600 Kilometer Küste und der milde Golfstrom machen die Normandie zum „Garten am Meer". Maler und Literaten, resolute Prinzessinnen und kauzige Kaufleute haben hier idyllische Paradiese kreiert. Als Hommage an die antiken Gärten von Semiramis entstand die jüngste grüne Oase: die Jardins Suspendus von Sainte-Adresse.

Idylle am Dior-Garten in Granville

Viele Jahre gehörte das malerisch auf einer Anhöhe über dem Meer gelegene Fort de Sainte-Adresse zu den vergessenen Orten von Le Havre. 2005 jedoch wurde die einstige Verteidigungsanlage aus dem Dornröschenschlaf geweckt. Heute gehört die Gartenanlage zu den schönsten der Normandie: Mit vier Themengärten laden die **Jardins Suspendus** auf eine Reise durch die botanische Welt ein – inspiriert von der normannischen Seefahrertradition. Was einst Männer wie Jean de Béthencourt von ihren Seereisen nach Hause brachten, lässt sich heute in mehr als 100 Gärten der Normandie bewundern.

In Monets Garten

Weltbekannt wurde **Claude Monets Garten in Giverny**, den er in Hunderten von Bildern verewigt hat. Er ließ sich vom Seerosenteich inspirieren, malte die von Glyzinien in Weiß und Blau umrahmte Brücke (Bild S. 31 links) und liebte die Kletterrosen. Bis

heute rankt die scharlachrote „Paul's Scarlet Climber" an den von Claude Monet selbst entworfenen Rankgittern empor.

Der Garten (Bild oben) mit dem Geburtshaus des Modeschöpfers **Christian Dior** thront hoch über der Steilküste von Granville. Der Dichter **Jacques Prévert** schuf sich sein grünes Idyll in St-Germain-des-Veaux bei Cherbourg. Der **Clos du Coudray** in Étaimpuis nördlich von Rouen entstand ab 1972 um eine alte reetgedeckte Kate; der **Jardin d'Elle** nördlich von St-Lô vereint mehrere Einzelgärten in einem Labyrinth.

Palmenhaine am Ärmelkanal

Ganz exotisch gibt sich der nördlichste Zipfel der Halbinsel Cotentin. Dank des Golfstroms gedeihen dort sogar afrikanische und australische Pflanzen, Palmenhaine vermitteln Karibik-Feeling. Der Park um das **Château de Vauville** (Bild S. 32 oben) ist das beste Beispiel dafür. Vor fast 60 Jahren wurde sein Tropengarten angelegt, der sich mittlerweile auf über vier Hektar ausbreitet. Mehr als 700 exotische Pflanzenarten wie Eukalyptus, Bambus und Aloe Vera gedeihen dort. Ganz und gar ungewöhnlich beginnt auch der Besuch des **Jardin**

Brücke zum Impressionismus: Claude Monets Garten in Giverny (links). Erst im Jahr 1992 entworfen wurde der geometrische Garten des Champ de Bataille westlich von Evreux (oben).

Maritime auf der Insel Tatihou – hin zum Meeresgarten fährt man stilecht in einem Amphibienfahrzeug.

Zu den berühmtesten Anlagen der Normandie gehört der neun Hektar große Privatgarten **Le Vasterival**, den die moldawische Prinzessin Greta Sturzda 1957 im Städtchen Sainte-Marguerite-sur-Mer rund um das Haus des Komponisten Albert Roussel kreierte. Resolut mit Harke in der Hand und Schere im Holster erläuterte seine 94 Jahre alte Gründerin noch wenige Tage vor ihrem Tod im November 2009 den Besuchern gern ihre anmutige Anlage.

Was einst Männer wie Jean de Béthencourt von ihren Seereisen nach Hause brachten, lässt sich heute in mehr als 100 Gärten der Normandie bewundern.

Palmenhaine vermitteln Karibikfeeling
im Château de Vauville auf der Halbinsel
Cotentin (ganz oben). Hortensien zieren
den Bois des Moutiers (oben und S. 33).

Seit 2005 ist Sussex das englische
Partnerland des Gartenreichs Normandie. Doch bereits vor mehr als
100 Jahren hat die Normandie auch
britische Gartenfans inspiriert. Mit
dem **Bois des Moutiers** in Varengeville (Bild S. 33) schufen die englische
Gärtnerin Gertrude Jekyll und der Architekt Edwin Luytens 1898 ein Idyll
der Arts & Crafts Bewegung. Man
betritt die Anlage durch den weißen
Garten, es folgen die Magnolien- und
der Rosengarten und ein großer Park,
bepflanzt mit Kamelien, Zierkirschen,
Hortensien und Rhododendren.

Dornröschen in der Normandie
Madame Kayali bringt es mittlerweile
auf immerhin 1987 verschiedene Arten. Ihr Garten im Park des **Château
du Mesnil Geoffroy** in Ermenouville
südlich von St-Valery-en-Caux widmet sich den Duftrosen, deren Blüten
die Prinzessin zu Rosenkonfitüre verarbeitet. Zusammen mit sechs weiteren Gartenbesitzern gründete die
passionierte Gärtnerin 2005 die Route
des Roseraies.

Eine große Rosenliebhaberin ist
auch Madame Lebellegard, die in Erinnerung an eine verstorbene Tochter den **Jardin d'Angelique** angelegt
hat – als Hommage an das Leben,
mit überbordenden Rosen um ein
Herrenhaus aus dem 17. Jahrhundert.
Wie ein Dschungel mutet der weitläu-
fige private **Jardin de Bellevue** der
Bildhauerin Martine Lemonnier an.
Geschwungene Wege führen durch
die Themengärten, Kletterrosen be-
ranken seltene Gehölze, üppig blühen
Hortensien von rosa bis blau. Das
Schloss **Champ de Bataille** ist ein
Meisterwerk des 17. Jahrhunderts –
sein Garten (Bild S. 31 rechts) jedoch
ein Werk von 1992, entworfen vom
Architekten Jacques Garcia.

In einigen Gärten kann man auch
wohnen: Ein solches Prunkstück mit
Ferienbett hat die einstige Friseurin
Marie-Helène Auvray in Thierville in
einer alten Apfelpresserei gestaltet:
Le Refuge – ein Garten-Idyll mit pompösen Barock-Betten, üppigen Ramb-
ler-Rosen, hausgemachter Konfitüre
und frischen Brioches. Wer mag, der
darf die Gartenpracht nicht nur bewundern, sondern mit Harke und
Grubber selbst in der Erde wühlen.

Für Rosenfreunde sind die **Fried-
höfe der Normandie** eine wahre
Fundgrube. Hinter verwahrlosten
Gräbern gedeiht ganz im Verborge-
nen noch so manche uralte Sorte. Die
Rosenhochburg im 19. Jahrhundert
war Rouen; mehr als 2000 verschiedene Rosenarten verbreiteten im ganzen Land ihren zarten Duft.

Fakten

. . . .

Garten-Broschüre
58 Gärten und Parks haben sich zum Club Parcs et
Jardins de Normandie zusammengeschlossen. Eine
Broschüre Comité Régional de Tourisme stellt sie vor.
www.normandie-tourisme.fr/a-voir-a-faire/lieux-de-
visite/parcs-et-jardins-de-normandie-300-1.html
www.normandie-tourisme.fr/docs/1275-1-
les-parcs-et-jardins-2017-pdf.pdf

Tag des offenen Gartens
Im Juni öffnet das frankreichweite „Rendez-vous aux jardins"
auch in der Normandie die Tore und Türen öffentlicher und
privater Gärten.
rendezvousauxjardins.culturecommunication.gouv.fr

Wohnen in den Gärten
Es gibt auch passende Unterkünfte für Gartenfreunde: 54 Gîtes
und Chambres d'Hôte au Jardin, deren Zertifikat verspricht, dass
der jeweilige Garten das ganze Jahr hindurch etwas zu bieten
hat. 38 sind online buchbar!
www.gites-de-france-normandie.com/location-vacances-
gites-chambres-hotes-gite-au-jardin-normandie.html

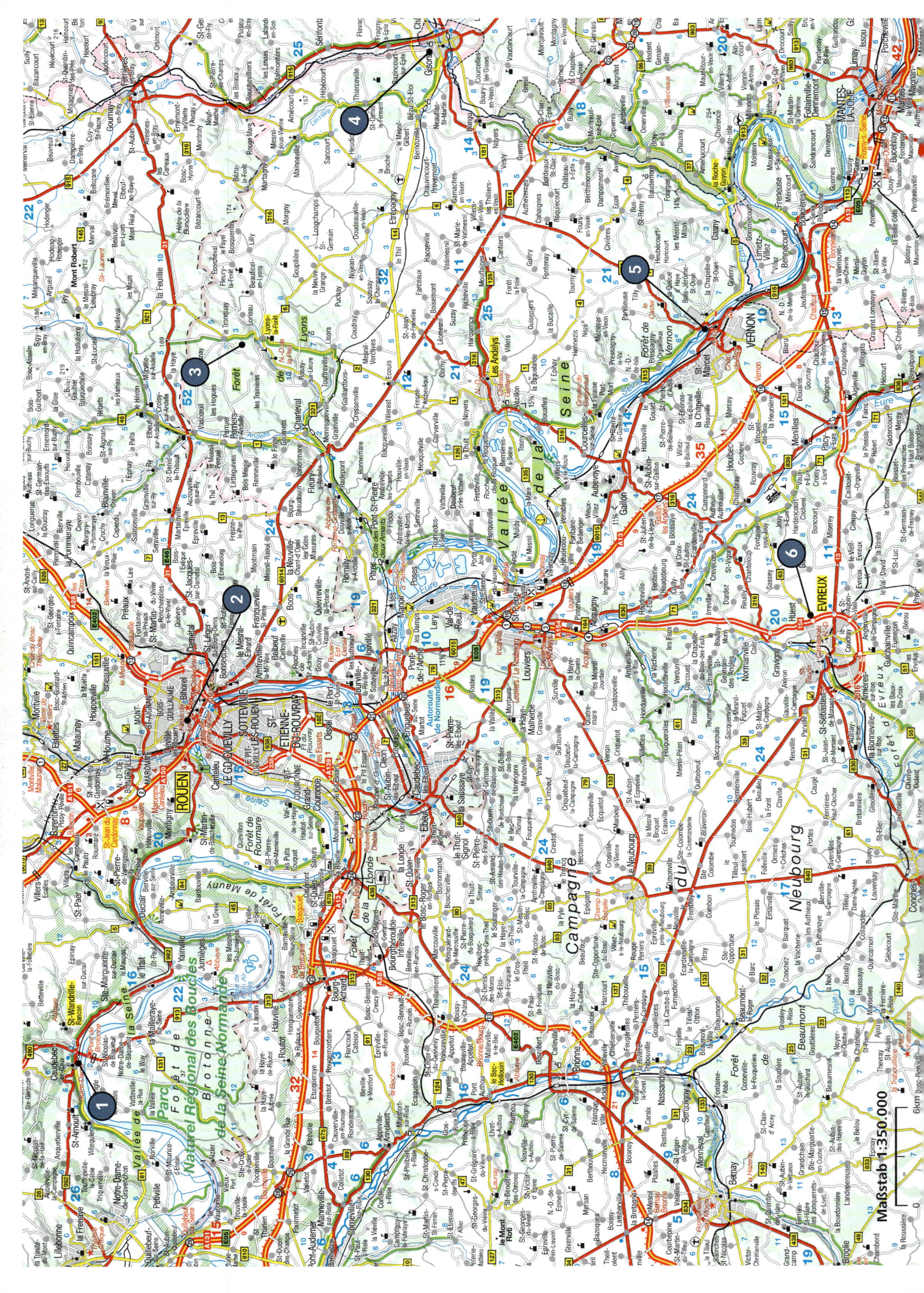

Schleifen im Strom der Geschichte

In weiten Kehren, vorbei an grün bewaldeten Felsen, hat sich die Seine ihren Weg durch das mächtige Kalkplateau der reichen Haute Normandie gemeißelt. Dabei passiert sie auch das Monet-Dörfchen Giverny und die Fachwerkstadt Rouen.

❶ Caudebec-en-Caux

Die spätgotische **Kathedrale Notre-Dame** des Städtchens (2300 Einw.) war für Heinrich IV. die „schönste Kapelle meines Königreiches". Alltag und Arbeit, Vergangenheit und Gegenwart am Unterlauf der Seine präsentiert das **MuséoSeine** (Rue Winston Churchill, www.museoseine.fr, Juli/Aug. 10.00–18.30, Sept. bis Nov., Febr.–Juni 13.00–18.30 Uhr).

RESTAURANTS/UNTERKUNFT
Direkt an der Seine mit Blick auf die Schiffe werden im € € **Normotel-La Marine** traditionelle Gerichte serviert (18, quai Guilbaud, Tel. 02 35 96 25 11, www.normotel-lamarine.fr).

UMGEBUNG
Südöstlich von Caudebec liegt in **Jumièges**, an der 110 km langen, Le Havre mit Rouen verbindenden **Route des Abbayes**, Frankreichs schönste Klosterruine in einem zauberhaften Park. Besonders romantisch wirkt die Szenerie im Sommer bei den abendlichen Konzerten (www.abbayedejumieges.fr, Mitte April–Mitte Sept. tgl. 9.30–18.30 Uhr, sonst 9.30–13.00, 14.30–17.30 Uhr, Eintritt 6,50 €).

OFFICE DE TOURISME
quai Guilbaud, 76490 Caudebec-en-Caux, Tel. 02 32 70 46 32, www.caudebec-en-caux.com

❷ Rouen

Rouen (110 600 Einw., Metropolregion 489 900 Einw.) ist die alte Hauptstadt der Normandie und der heutigen Haute Normandie. Im Zweiten Weltkrieg schwer zerstört, gehört die „Stadt der 100 Kirchtürme" heute wieder zu den sehenswertesten Orten Nordfrankreichs.

SEHENSWERT
151 m hoch dominiert der Glockenturm der gotischen **Kathedrale Notre-Dame** TOPZIEL (12.–16. Jh.) die Altstadt. Den schönsten Blick auf das von Monet verewigte Gotteshaus haben Sie von der Corniche (D95) am Hang côte Sainte-Catherine. Dort malte Claude Monet

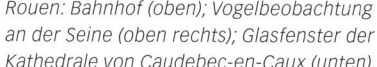

Rouen: Bahnhof (oben); Vogelbeobachtung an der Seine (oben rechts); Glasfenster der Kathedrale von Caudebec-en-Caux (unten).

1892 auch seine berühmte Stadtansicht „Vue générale de Rouen". Die einstige **Abteikirche St-Ouen** (14. Jh.) ist ein Schmuckstück der Spätgotik. Mitten in der Renaissance wurde die **Église St-Maclou** 1517 noch gotisch vollendet; hinter ihrer Apsis öffnet sich ein Durchgang zum Gebeinhaus Aître St-Maclou. Rund um den idyllischen Hof liegen die schönsten Straßen der **Altstadt**: die charmante Rue Damiette mit Antiquitätenläden, die fachwerkgeschmückte Rue Martainville und die Rue St-Romain. Über die geschäftige Fußgängerzone Rue du Gros Horloge spannt sich der Renaissancebogen des Uhrturms **Tour de l'Horloge** (16. Jh.) – er besitzt nur einen Zeiger!
Im **Palais de Justice** (16. Jh.) tagte einst das Parlament der Normandie. 2008 wurde die sechste Seine-Brücke von Rouen einweiht: der Pont Gustave Flaubert, der bis auf die Höhe von 55 m über dem Wasserstand angehoben werden kann.
Zentrum des Nachtlebens sind die vielen Pubs der **Place du Vieux-Marché**, auf der 1431 Jeanne d'Arc verbrannt wurde.

MUSEEN
Im ehemaligen erzbischöflichen Palast widmet sich das **Historial Jeanne d'Arc** seit 2015 auf fünf Etagen multimedial dem Leben der Freiheitskämpferin (7, rue Saint-Romain, www.historial-jeannedarc.fr, Di.–So. 10.00–19.00 Uhr, 9,50 €). Am rechten Seineufer erhebt sich seit 2014 das **Panorama XXL** des deutschen Künstlers Yadegar Asisi, das mit Malerei, Zeichenkunst und digitaler Fotografie grandiose Illusionen in der 28 m hohen Rotunde schafft (Hangar 2, Quai de Boisguilbert, www.panoramaxxl.com, Mai–Sept. Di.–So. 10.00–19.00, Okt. bis April bis 18.00 Uhr, Erw. 9,50 €).
Das **Musée des Beaux Arts** (esplanade Marcel Duchamp, http://mbarouen.fr, Eintritt Dauerausstellung frei, Sonderschauen ggf. mit Eintritt) zeigt in 63 Sälen Gemälde vom 15. Jh. bis heute. Einmalig ist die Sammlung von Schmiedearbeiten seit dem 3.Jh. im **Musée Le Secq**

des **Tournelles** in der ehem. Kirche St-Laurent (rue Jacques Villon, http://museeelesecq destournelles.fr, Mi.–Mo. 14.00–18.00 Uhr, 4 €).

RESTAURANTS/UNTERKUNFT

In der ehemaligen Regenschirmmanufaktur von € € € **Les P'tits Parapluies** (2, place Rougemare, Tel. 02 35 88 55 26, www.lesptits-para pluies.com) steht seit 30 Jahren Haubenkoch Marc Andrieu am Herd. € € € **La Couronne** (31, place du Vieux Marché, Tel. 02 35 71 40 90, www.lacouronne.com.fr) ist Frankreichs ältester Gasthof; seit 1345 speisen hier Politik und Prominenz. Zu den schönsten und ruhigsten Unterkünften mitten in der Altstadt gehört € € **Le Vieux Carré** (34, rue Ganterie, Tel. 02 35 71 67 70, www. hotel-vieux-carre.com). Das € €/ € € € **Hôtel de la Cathédrale** liegt zentral (12, rue St-Romain, Tel. 02 32 71 57 95, www.hotel-de-la-cathedrale.fr).

OFFICE DE TOURISME

25, place de la Cathédrale, 76000 Rouen Tel. 02 32 08 32 40, www.rouentourisme.com

③ Lyons-la-Forêt

Mitten im Wald versteckt sich das Kleinod mit 742 Einw. Maurice Ravel ließ sich von den Gassen und Fachwerkhäusern zur Komposition „Bilder einer Ausstellung" anregen; Claude Chabrol drehte hier 1990 den Film „Madame Bovary". Mittelpunkt des Orts ist die **Markthalle** mit wuchtigem Holzschindeldach. Radfahrer und Wanderer starten von hier zu Touren in den Staatswald von Lyons, einen der größten **Buchenwälder** Europas.

Tipp

Bahnfahrt nach Giverny

Der Maler **Claude Monet** aus Paris hielt 1883 auf einer Zugfahrt in Giverny – und blieb schließlich für 43 Jahre. Haus und Garten sind heute ein Besuchermagnet (Fondation Claude Monet, www.fondation-monet.com, April–Nov. tgl. 9.30–18.00 Uhr, 9,50 €). Mit Monet kamen weitere Künstler. Die Entwicklung der Künstlerkolonie dokumentiert das im Jahr 2009 eröffnete **Musée des Impressionistes** (99, rue Claude Monet, www.mdig.fr; April–Okt. tgl. von 10.00–18.00 Uhr, 7 €). Bevor er selbst ein Haus kaufte, logierte Monet gerne in der gemütlichen Familienpension € € **Au Bon Maréchal** – noch heute eine angenehme Bleibe mit drei Zimmern. Das Frühstück serviert Marie-Claire Boscher im Blumengarten (1, rue du Colombier, Tel. 02 32 51 39 50, www. giverny.fr/aubon-marechal.html).

Châteaux Beaumesnil – das „normannische Versailles" (o.); Fachwerk in Le Bec-Hellouin (o. r.); Monets Haus in Giverny (unten rechts)

RESTAURANT/UNTERKUNFT

Christophe Poirier vom € € € **La Licorne Royale** (27, place Benserade, Tel. 02 32 48 24 24, www.hotel-licorne.com) wurde 2014 mit einem Michelinstern ausgezeichnet.
Mit Esprit und Design spielt das € € € **Le Grand Cerf Hôtel & Spa** mit dem Rothirsch in seinem Namen – und inszeniert sich als *die* stilvolle Waldherberge schlechthin (20, place Isaac Benserade, Tel. 02 32 49 50 50, www. grandcerf.fr).

UMGEBUNG

Im Musée des Automates in **Ry** (23 km nordw., Galerie Bovary, place Gustave Flaubert, April bis Okt. Sa., So. 14.30–18.00 Uhr, Juli/Aug. tgl., Eintritt 5 €) zeigen in einer Kelterei aus dem 18. Jh. mechanische Schaubilder mit 300 Figuren Romanszenen aus Flauberts „Madame Bovary".

OFFICE DE TOURISME

Office de Tourisme Lyons Andelle 25 bis, place Benserade, 7480 Lyons-la-Forêt Tel. 02 32 49 31 65 www.lyons-andelle-tourisme.com

④ Gisors

Eine der wichtigsten Templer-Burgen war die Festung von Gisors. In den bis heute die Hauptstadt (11 300 Einw.) des Vexin Normand dominierenden Ruinen wird der Schatz der Templer vermutet: 150 000 Goldmünzen. Der Mythos lockte auch die Künstler in diesen Ort: Picasso lebte hier, die Impressionisten Pissarro, Monet und Sisley malten hier.

SEHENSWERT

Das **Château fort** gehört zu den besten Beispielen normannischer Wehrarchitektur (April bis Sept. tgl. außer Di. Führungen um 10.00, 11.00, 14.00, 15.30 und 17.00 Uhr, sonst nur Sa. und So. 10.30, 14.30 und 16.00 Uhr, Eintritt 5 €). Die **Église St-Gervais-St-Portais** (13.–16. Jh.) besitzt wertvolle Glasfenster (16. Jh.) und ein prachtvolles Renaissanceportal.

RESTAURANT

Seit Jahren begeistert Pierre Potel im € €/ € € € **Le Cappeville** die Feinschmecker (17, rue de Cappeville, Tel. 02 32 55 11 08, www. lecappeville. com; Mi., Do. Ruhetag).

OFFICE DE TOURISME

4, rue du Général de Gaulle, 27140 Gisors Tel. 02 32 27 60 63, www.tourisme-gisors.fr

⑤ Vernon

Normannenherzog Rollo gründete im 9. Jh. den Ort (24 000 Einw.). Im „Tor zur Normandie" an der Seine wird heute bei Snecma Moteurs der Antrieb der Ariane-Rakete produziert.

SEHENSWERT

Im Zentrum des Fachwerkstädtchens erhebt sich die ehem. **Stiftskirche Notre-Dame** mit einer Fensterrose im Flamboyantstil. Rund um einen Turm der einstigen Stadtmauer entstand 2011 der **Parc des Arts** mit Skulpturen, Blumenrabatten und Wasserkunst. Am Stadtrand prunkt das **Château de Bizy**, 1741 errichtet (www.chateaudebizy.com, April–Okt. Gärten tgl. 10.00–18.00, Schloss mit Führung Di.–So. 10.30, 11.15. 14.30, 15.30, 16.30, 17.15 Uhr, Erw. 9 €). Schöner Aussichtspunkt auf die Schieferdächer der **Altstadt** und die Seine ist die Côte St-Michel. Das **Musée Alphonse G. Poulain** birgt Gemälde von Vuillard und Monet (12, rue du Pont, April–Sept. Di.–Fr. 10.30 bis 12.30, 14.00–18.00, Sa./So. 14.00–18.00, Okt. bis März Di.–So. 14.00–17.30 Uhr, Eintritt 4 €).

RESTAURANTS

Bistro + Gastronomie=Bistronomie. Was in der Hauptstadt sehr en vogue ist, haben Fréderic Erisay und Philippe Clery Melin im April 2016 mit € € **L'Estampille** (6, place de Paris, Tel. 02 77 19 00 12, http://restaurantlestampille.fr) eingeführt. Gehobene Bistroküche zu grundsoliden Preisen, tief verwurzelt im Terroir – und modern inspiriert. Michelin-Sternekoch Eric Guérin verwandelte 2013 eine normannische Villa der Jahrhundertwende in eine Feinschmeckeroase: € € €/ € € € € **Le Jardin des Plumes** (1, rue du Milieu, 27620 Giverny, Tel. 02 32 54 26 35, www.lejardindesplumes.fr).

 **Évreux**

Mitten durch die Hauptstadt (50 000 Einw.) des Département Eure, nach den Zerstörungen des Zweiten Weltkriegs behutsam wieder aufgebaut, schlängelt sich das Flüsschen Iton und sorgt für anheimelndes Ambiente.

SEHENSWERT
Ein Flussarm führt direkt an der **Kathedrale Notre-Dame** mit ihren Fenstern aus dem 14. und 15. Jh. vorbei. Die Gebeine des hl. Taurin, Schutzheiliger und im frühen 5. Jh. erster Bischof der Stadt, ruhen in der **Église St-Taurin** (10.–15. Jh.) in einem prunkvollen Reliquienschrein. Der **Tour de l'Horloge** aus dem 15. Jh. ist Wahrzeichen der Stadt. Den Besuch wert ist der Kreuzgang des ehem. **Kapuzinerklosters** (17. Jh.) am Jardin Public.

RESTAURANTS
Alte Zeitungsdrucke und trendiges Interieur – im € € **La Gazette** liebt man Kontraste auch auf der Speisekarte (7, rue St-Sauveur, Tel. 02 32 33 43 40, www.restaurant-lagazette.fr; Kochkurse). In € € **La Vieille Gabelle** speist man traditionell unter offenem Gebälk (3, rue de la Vieille Gabelle, Tel. 02 32 39 77 13, www.restaurant-la-vieille-gabelle-27.fr).

UMGEBUNG
Als „Versailles der Normandie" gilt das **Château de Beaumesnil TOPZIEL**. Den Prunkbau (1633–1640; 40 km westl.) umgibt ein 80 ha großer, vom barocken Gartenarchitekt André Le Nôtre gestalteter Park (Ostern–Juni Mo. bis Fr. 14.00–18.00, Juli und Aug. tgl. 10.00–18.00, Sept. Mi.–Mo. 14.00–18.00 Uhr, Eintritt 8,50 €, www.chateaubeaumesnil.com). In der Benediktinerabtei von **Le Bec-Hellouin** (35 km nordw.; www.bec-hellouin.fr; Juni–Sept. Führungen Mo.–Sa. 10.30, 11.00, 15.00, 16.00, 17.00, So. 12.00. 15.00, 16.00, 18.00, Okt.–März Mo.–Sa. 11.00, 15.00, 16.00, So. 12.00, 15.00, 16.00 Uhr; Eintritt 6 €), um das Jahr 1034 vom Ritter Herluin begonnen, wurde vom 12. bis 14. Jh. der normannische Klerus ausgebildet; vom Turm St-Nicolas bieten sich schöne Blicke auf Abtei und Bec-Tal.

OFFICE DE TOURISME
1 ter, place du Général de Gaulle
27000 Évreux, Tel. 02 32 24 04 43
www.grandevreuxtourisme.fr

Genießen   Erleben   Erfahren

Malen wie Monet

DuMont Aktiv

Ab 1860 zogen viele französische Impressionisten in die Fischerdörfer an der Küste und arbeiteten „en plein air", unter freiem Himmel. Claude Monet malte am Strand von Sainte-Adresse, Camille Pissaro entdeckte die Hafenstadt Dieppe, Eugène Boudin das malerische Honfleur. Nehmen auch Sie einmal den Pinsel in die Hand und bannen Sie Ihre Normandie auf die Leinwand – Motive gibt es genug!

Im Atelier Bleu Vert Mer in der Fußgängerzone von Trouville vermitteln Isabelle und Philippe Levasseur Urlaubern stunden-, tage- und wochenweise die Grundlagen der Ölmalerei. Dicht an dicht haben Kinder und Erwachsene, Anfänger und Experten im Studio ihre Staffeleien aufgestellt und arbeiten konzentriert am eigenen Werk, das sie anschließend mit nach Haus nehmen können.

Béatrice Saalburg hat es ins grüne Hinterland der Normandie verschlagen. In ihrem Atelier auf dem Château de Maison Maugis in Rémalard zeigt die Künstlerin bei Drei- und Viertageskursen, wie die Schönheit der prächtigen Pflanzenwelt in der Orne mit Aquarellfarben eingefangen wird – und sogar mit Pflanzen gemalt werden kann. Alle als Modell dienenden Blumen und Pflanzen stammen aus ihrem eigenen Garten. Und wenn Sie bereits versiert im Malen sind? Dann machen Sie es wie Monet: Ziehen Sie hinaus in die Natur! Malutensilien gibt es in der Normandie allerorten.

Weitere Informationen

Atelier Bleu Vert Mer
84, rue des Bains, 14360 Trouville-sur-Mer
Tel. 02 31 87 32 97
www.atelier-bleu-vert-mer.com
Kurse ganzjährig, ab 30 €

Béatrice Saalburg
Le Château, 61110 Maison Maugis
Tel. 02 33 73 81 02, www.peinturebotanique.
com, Kurse 100 €/Tag

Malen wie Monet
Office de Tourisme Rouen
Tel. 02 32 08 32 47
www.rouentourisme.com/visites-guidees/
atelier-de-peinture-peignez-la-cathedrale-a-la-
facon-de-claude-monet-groupes-5472/
nur für Gruppen (10-20 Personen): 2 Std. 500 €,
1,5 Std. 400 €

Kreative Impulse vermittelt die Normandie in Hülle und Fülle. Künstlernaturen schätzen besonders das Malen unter freiem Himmel. Wer es lernen möchte, bucht einen Kurs.

Dramatische Kulisse für die Kunst

Zwischen Le Tréport im Nordosten und der Seine-Mündung bricht das Kalkplateau des Pays de Caux mit hohen Klippen steil in den Ärmelkanal ab. Wind und Wellen haben faszinierende Felsformationen in die Kreideküste gefräst, die bei Étretat seit mehr als 100 Jahren Maler, Musiker und Literaten zu unvergesslichen Werken inspirierten. Landein leuchtet blau der Flachs auf den Feldern, lichte Buchenwälder laden zum Spaziergang ein.

Wild brandet das Meer an Frankreichs höchste Steilküsten wie hier bei Fécamp und erobert sich jedes Jahr ein Stück davon.

Muschelsammeln für das Abendessen ist an
der ganzen Küste ein Freizeitvergnügen.

Schmale Buchten und hohe Klippen prägen die Küste – wie hier bei St-Valery-en-Caux, wo ein
Bach über Jahrmillionen eine kiesige Kerbe in den hundert Meter hohen Kalkstein gesägt hat.

St-Valery-en-Caux mit seinem Hafen und den schiefergedeckten Häusern
ist ein typischer Fischer- und Ferienort der Alabasterküste.

Die Mole hinter dem Kieselstrand von Treport

Im Département Seine-Maritime stoßen Land und Meer frontal aufeinander. Von der Trichtermündung der Seine im Südwesten bis zur Somme im Nordosten erhebt sich auf mehr als 150 Kilometern die bis zu 110 Meter hohe Felswand des Pays de Caux – die Côte d'Albâtre. Anfang und Ende der Alabasterküste markieren zwei Hafenstädte, die unterschiedlicher nicht sein könnten: im Norden Le Tréport, dessen Kutter bei Ebbe am Kai trockenfallen, im Süden Le Havre, das „Tor zum Ozean" – nur Marseille ist als französischer Handelshafen bedeutender.

Frankreichs steilste Küste

Die Klippen und Kalknadeln, Bögen, Brücken und bizarren Formen der Alabasterküste haben Maler, Schriftsteller und Musiker inspiriert. Eugène Delacroix, Camille Corot, Gustave Courbet,

Krimiautor Maurice Leblanc legte den Schlupfwinkel des Meisterdiebs Arsène Lupin in die Felsnase L'Aiguille.

Eugène Boudin und Claude Monet bannten die Felsgestade in vielen Variationen auf ihre Leinwände. Der französische Krimiautor Maurice Leblanc verlegte gar den Schlupfwinkel seines Meisterdiebs Arsène Lupin in die 70 Meter hohe Felsnase L'Aiguille vor der Porte d'Aval von Étretat, die angeblich hohl sein – und das Gold aller Könige Frankreichs bergen – soll. Bei tiefster Ebbe lässt sich zu Fuß ein weiteres Naturportal erreichen, Flut zwingt den Besucher auf einen ebenso spektakulären Höhenweg. Victor Hugo, der sich gerne und oft in der Normandie aufhielt, schrieb seiner Tochter Adèle am 10. August 1835 begeistert: „Was ich von Étretat gesehen habe, ist faszinierend.

Das Château d'Eu ist heute Museum für den Bürgerkönig Louis-Philippe, der hier seine Sommer verbrachte.

Erhaltene Idylle bei Les Petites Dalles ca. 15 km nordöstlich Fécamp. Der kleine Ort liegt direkt am Meer und unweit der berühmten Klippen der Alabasterküste

Palais Bénédictine: Das köstliche Rezept
erhielt der Gründer von höheren Mächten.

Zur heiligen Dreieinigkeit: St-Trinité in Fécamp

Ein beson-
derer Likör

Special

Santé,
Bénédictine!

**Unter den zahllosen Mönchen
des 958 gegründeten Benedikti-
nerklosters Fécamp wurde einer
berühmt: Bruder Bernardo.**
Er bereitete im Jahr 1510 ein Eli-
xier aus 27 Kräutern, dessen Re-
zeptur einem köstlichen Getränk
zugrunde liegt. Mehr als sechs
Millionen Flaschen des Likörs
„Bénédictine" werden heute jährlich in alle Welt verkauft – und oft
kopiert. Doch nur der Bénédictine
in der typischen „Bouteille normande" mit dem Zusatz D.O.M.
(deo optimo maximo – dem besten
und größten Gott geweiht) stammt
wirklich aus Fécamp, wo er im Palais Bénédictine, den Firmengrün-
der Camille Albert im 19. Jahrhundert errichten ließ, vor den Augen
der Besucher in riesigen Kupfer-
kesseln gebrannt wird.

Die Klippe wird immer wieder von großen natürlichen Bögen durchbrochen,
unter denen die Wogen des Meeres bei
Flut hindurchschlagen. Das ist die gigan-
tischste Architektur der Welt."

Ein Fluss von einem Kilometer
Frost, Regen, Wellen und Wind nagen
beständig an den Kreideklippen, die
langsam zurückweichen und verträumte
Buchten bilden, die nur bei Niedrigwas-
ser zugänglich sind. Epte, Bresle, Bét-
hune und andere Wasserläufe haben
Täler in den Kalk gegraben – wie auch
Frankreichs kürzestes Fließgewässer: die
Veules. Nach nur gut einem Kilometer
mündet sie bei Veules-les-Roses ins Meer
und hat bereits Forellen beste Lebensbedingungen geboten, eine Kresseplantage
bewässert und einst elf mächtige Mühl-
räder angetrieben – darunter die Moulin
du Marche. 1910 koppelte ein findiger
Ingenieur ihre Mühlradwelle an einen
Generator – und so konnte das kleine
Seebad lange vor Paris eine elektrische
Beleuchtung vorweisen.

Kräuterlikör und Kabeljau
Dort, wo das Flüsschen Valmont eine
Senke in die Klippen gefräst hat,
schwemmte vor mehr als tausend Jahren die See in einem Feigenbaumstamm
eine Reliquie an den Strand, die Fécamp

zum „Tor des Himmels" machte: einige
Blutstropfen Christi – heute ruhen sie in
einem Tabernakel aus weißem Marmor
in der Abteikirche Sainte-Trinité. Die anderen berühmten Tropfen im einstigen
Wallfahrtsort sind hochprozentig: der
würzige Kräuterlikör Bénédictine.

An der Promenade Fécamps steht die
Statue einer Fischersfrau, mit Holzschu-
hen, schweren Händen, den Blick zum
weiten Meer gewandt. Sie wartet auf ihren Mann. Ab dem 16. Jahrhundert war
Fécamp Heimathafen einer bedeutenden
Fischfangflotte, die vor den weit entfern-
ten Küsten Neufundlands nach Kabeljau
fischte, bis auch hier die Überfischung
diesen einst ertragreichen Wirtschafts-
zweig nachhaltig schädigte.

Das Milieu der Hochseefischer fas-
ziniert auch Jean Gaumy. 1970 zog der
weltberühmte Fotograf der Bildagentur
Magnum nach Fécamp, wo er seitdem
das Leben der örtlichen Fischer im Bild
festhält, und das nicht nur an Land, sondern auch auf See: 15 Jahre lang, von
1984 bis 1998, teilte er mit ihnen den
häufig entbehrungsreichen Alltag an
Bord eines Trawlers.

Die See – ein Gesundbrunnen
1824 eröffnet Marie Caroline, Herzo-
gin von Berry und unerschrockene
Schwimmerin, in Dieppe das „Zentrum

Falaise d'Amont mit Chapelle Notre-Dame-de-la-Garde: Étretats klassischer Leinwand-Blick

Den Hafen von Dieppe haben vorwiegend Freizeitkapitäne mit Beschlag belegt. Von hier aus starten auch die großen Fähren ins englische Newhaven.

Gute Aussicht in unsicherer Lage – nicht zur Nachahmung empfohlen:
Die Felsenküste von Étretat bröckelt beständig.

> „Was ich von Étretat gesehen habe, ist faszinierend. Die Klippe wird immer wieder von großen natürlichen Bögen durchbrochen."

Victor Hugo an seine Tochter (1835)

für Warmbäder" Frankreichs. In einem kleinen Holzbau direkt am Strand standen einige Badewannen, und Bademeister aus England halfen den Kranken, ihr Meeresbad zu nehmen. Das Eintauchen ins Meer wurde damals besonders für Depressive, Asthmatiker und Schwindsüchtige empfohlen. Bereits 1835 kurierten so 400 Gäste jede Saison ihre Leiden. 2006 eröffnete in Frankreichs ältestem Seebad wieder ein Pilotprojekt: Das Centre Thalasso-Ludique vereint erstmals Meereskuren und Erlebnisbad.

Bevor sich Dieppe das Gesicht eines mondänen, eleganten Seebades zulegte, bestimmte ein geschützter Tiefwasserhafen die Geschichte der Küstenstadt. Korsaren brachen dort zu Kaperfahrten auf, Entdecker zu unbekannten Ufern. Bis 1405 eroberte Jean de Béthencourt aus Dieppe für das spanische Königreich die Kanareninseln La Gomera, Fuerteventura und El Hierro, 1488 entdeckte Jean Cousin auf einem Schiff des Reeders Jehan d'Ango Brasilien, 1562 nahm Jean Ribault in Florida Land für Frankreich in Besitz. Bekanntester Bürger der Stadt ist aber der Reeder Jehan d'Ango, der in Westafrika einen Handelshafen anlegte und die Reise des Florentiners Verrazano finanzierte, der 1524 die Halbinsel Manhattan und die Hudson Bay entdeckte. Von ihren Reisen brachten die

Kapitäne aus Dieppe neben Stoffen, Silber und Gewürzen auch Exotisches wie Elefanten- und Nilpferdzähne mit, aus denen Diepper Elfenbeinschnitzer wie Pierre André Graillon filigrane Skulpturen, Schmuck und natürlich Schiffsmodelle schufen.

Die Heimat der Bovary

Im Hinterland wechseln die lichten Buchenwälder von Eu, Arques und Eawy mit weiten Flachsfeldern, die ein Drittel des französischen Leinenbedarfs liefern. Auf den Weiden grasen normannische Milchkühe mit dem typischen braunen Fleck am Auge. Bis heute ist hier und im Pays de Bray Bauernland. Seit Jahrhunderten wird der herzförmige Neufchâtel-Käse gefertigt, mittlerweile begeistert auch die mit Rahm angereicherte Kuhmilchrolle „Bondon de Neufchâtel" Käseliebhaber. Im grünen Mosaik aus Feldern und Wäldern liegt auch die Heimat von Madame Bovary, der Romanheldin von Gustave Flaubert.

Flauberts geistiger Ziehsohn war Guy de Maupassant, der mit einem Hauch von Melancholie in Werken wie „Gil Blas" und „Pierre et Jean" den herben Landstrich des Pays de Caux, aber auch der Felsenküste beschreibt. Geboren wurde der Schriftsteller und Journalist auf dem mittelalterlichen Schloss Miro-

Mächtig, wuchtig, stark: Dieses kreisrunde Taubenhaus bei Fécamp ist fast größer als der angrenzende Herrensitz. Einst hatten nur Lehnsherren das Recht, Tauben zu halten.

Ab dem Jahr 51 v. Chr. begannen die römischen Truppen, das Land der Gallier zu erobern. An römische Zeiten erinnern die Ausgrabungen in Lillebonne, bei denen auch das gallo-römische Theater wieder freigelegt wurde.

Das Flüsschen Veules in Veules-les-Roses

Das Pays de Bray war immer ertragreiches Bauernland – wovon manches Schlösschen zeugt.

Guy de Maupassant

Ein meisterhafter Literat

Guy de Montpassant stammt aus Fécamp.

Auf Château de Miromesnil bei Dieppe geboren, verbrachte Guy de Maupassant (1850–1893) seine Kindheit weitgehend in Fécamp.
Nach dem Ruin seines Vaters und der Trennung seiner Eltern zog er 1859 in das aufstrebende Seebad Étretat. Früh machte er literarische Versuche und wurde mit 17 wegen eines frechen Gedichts von der Schule verwiesen. Daraufhin in Rouen, lernte er Flaubert kennen, der ihm später ein väterlicher Freund wurde. Als Jurastudent erlebte er in Paris die französische Niederlage 1871, gab sein Studium auf und wurde ohne Freude Ministerialangestellter. Als Ausgleich begann er sich mit Flauberts Unterstützung schriftstellerisch zu betätigen und in Affären zu stürzen, was ihm 1877 eine Syphilisinfektion einbrachte – der Beginn einer zunehmenden Verdüsterung seines jungen Lebens. Den literarischen Durchbruch brachte 1880 die psychologische Novelle „Boule de suif" („Fettklößchen"). In den folgenden Jahren schrieb Maupassant – finanziell nun unabhängig – überwiegend Erzählerisches, insgesamt rund 300 Novellen und sechs Romane, meist naturalistisch und in der Normandie oder in Paris spielend. Am Neujahrsabend 1892 brach er – zu Besuch bei seiner Mutter – zusammen und wurde wenige Tage später in eine psychiatrische Klinik eingeliefert, wo er geistig umnachtet starb.

mesnil, das sich südlich Dieppe in einem weitläufigen Park mit uralten Zedern und Buchen erhebt. Hinter dem Château versteckt sich ein gärtnerisches Kleinod: ein „Potager" nach Vorbild des Küchengartens vom Sonnenkönig Ludwig XIV. Gras und Blumen umgeben die vier Gemüse-Carrées, auf denen Endivien, Lauch, Kürbis und Kohl wachsen – bestimmt für die Tafel des Grafen Thierry de Vogüé, der mit seinen beiden Schwestern heute hier wohnt.

Symphonie der Moderne

Wer nicht auf der Autobahn, sondern durch das verträumte Hinterland der Küste zustrebt, erlebt ganz im Südwesten der Alabasterküste ein Crescendo der Kontraste: Le Havre, für die einen ein abstoßender Moloch aus Beton mit kantig-kalten Häusern, für die anderen eine Hommage an die Moderne. Die Hafenstadt an der Mündung der Seine, die hier eine Breite von fünf Kilometern hat, spaltet bis heute die Besucher.

Doch einer der größten französischen Maler der Moderne liebte das Flair: Raoul Dufy (1877–1953), als siebtes von elf Kindern in der Hafenstadt geboren. Mal wild expressionistisch, mal verhalten und sanft, malte er hier immer wieder die gleichen drei Motive: Früchte, Badende und Segelboote.

LE HAVRE

Poesie in Beton

„Mein Beton ist schöner als Stein": Nicht alle teilten die Ansicht von Auguste Perret, unter dessen Federführung in den 1950er-Jahren das kriegszerstörte Le Havre im kühlen Stil der klassizistischen Moderne neu entstand. Das Wort von der „doppelten Zerstörung" machte die Runde. Heute gehört die Stadt an der Seine-Mündung zum Weltkulturerbe – und strebt mit kühnen Visionen in die Zukunft.

Das alte Le Havre, einst Frankreichs größter Kaffeehafen, mit großzügigen Boulevards der Belle Epoque und barocken Reederpalais, starb im Zweiten Weltkrieg. Die deutschen Truppen hatten die Stadt zum größten Kriegshafen am Atlantik gemacht, die Alliierten sie in 132 Bombenangriffen zerstört. 133 Hektar Ruinen bedeckten bei Kriegsende das Stadtzentrum.

Die französische Regierung reagierte mit einem radikalen Plan: Le Havre sollte als Musterstadt der Moderne auferstehen. 1945 beauftragte sie den Architekten Auguste Perret mit dem Masterplan. Auf 130 Hektar sollte er für 60 000 Menschen eine neue Stadt im Stil von Le Corbusier schaffen, mit würdigen Lebensbedingungen für eine klassenlose Gesellschaft: Licht, Luft, Strom und fließend Wasser für alle.

Baumaterial war knapp. Massenhaft gab es jedoch riesige Schuttberge. Perret schuf daraus einzigartige Betonvariationen: Zermahlen, nach Farben und Strukturen getrennt, mitunter wieder eingefärbt, mit feinen Glassplittern oder Kieselsteinen vermischt, erfand er völlig neue Oberflächen, grob oder fein, gefärbt, gewachst, versehen mit Ornamenten, Zitaten griechischer Säulen oder Elementen des Klassizismus.

Perret konnte nicht mehr erleben, wie sein Gesamtkunstwerk vollendet wurde – und auch nicht mehr die Diskussionen, die seine Neugründung hervorrief. Als „doppelte Zerstörung" kritisierten es viele Franzosen, doch Perret war überzeugt: „Mein Beton ist schöner als Stein, dessen Schönheit die edelsten Baumaterialien übertrifft. Er hat seine eigene Poesie".

UNESCO-Welterbe seit 2005

50 Jahre später erhielt Perrets Vision die weltweite Anerkennung: Für die zukunftsweisende Architektur des Stadtbildes wurde das Ensemble 2005 ins UNESCO-Weltkulturerbe aufgenommen. Straßengestaltung und Gebäudeformationen des neuen Zentrums erinnern teilweise an Interpretationen des sozialistischen Realismus. Luftige Kuben mit großzügigen Balkons säumen die Avenue Foch, die schnurgerade auf das Meer zuläuft. Dreistöckige Gebäude mit Flachdächern und zehnstöckige Hochhäuser umgeben den Rathausplatz.

Oscar Niemeyers futuristisches Kulturzentrum „Le Volcan" wird von den Einheimischen nur „der Joghurtbecher" genannt.

Wahrzeichen Le Havres ist der
106 Meter hohe Turm der Église
St-Joseph. Oben: Blick vom Chor
der Kirche in den Glockenturm

Besichtigung & Führung

. . . .

Musterwohnung „Appartement Témoin Perret"
In der 1. Etage des berühmten ISAI-Komplexes, avenue Foch
Besichtigung nach Voranmeldung:
Office de Tourisme de l'Agglomération Havraise
186, boulevard Clemenceau, Le Havre, Tel. 02 32 74 04 04
Führungen Juli/Aug. tgl. 11.30, 12.30, 14.30, 15.30, 16.30, sonst
Mi., Fr.–So. 15.30, 16.30 Uhr und Zusatztermine
Erw. 5 €, am 1. Sa. im Monat frei
Treffpunkt: Maison du Patrimoine, 181, rue de Paris

www.lehavretourisme.com

Schulen, Kirchen und Hafenanlagen schuf Perret – und das bis heute höchste Gebäude von Le Havre: den 106 Meter hohen Turm der Église St-Joseph. Auch bei den Wohnungen standen für den futuristischen Stadtplaner Rationalität sowie Flexibilität im Vordergrund. So soll das Wohnzimmer, das Herzstück jeder Wohnung, auch als Empfangsraum für Gäste, Esszimmer oder Büro dienen. Um diese unterschiedlichen Zwecke erfüllen zu können, nutzte Perret ein System verschiebbarer Trennwände.

Der Architekt arbeitete mit den Raumausstattern René Gabriel, Marcel Gascoin und André Beaudoin zusammen, um eine zeitgemäße Wohnungseinrichtung zu entwerfen. Charakteristisch für diese Möbel sind Funktionalität und Standardisierung für die Massenherstellung. Alltagsgegenstände wie Küchengeräte und Kinderspielzeug hauchen heute der für Besucher geöffneten Musterwohnung Leben ein.

30 Jahre später hinterließ eine zweite Ikone der Moderne deutliche Spuren: Oscar Niemeyer, der Vater der südamerikanischen Hauptstadt Brasilia, schuf für Le Havre 1972–1982 das „Maison de la Culture du Havre", das rasch seinen Spitznamen „Le Volcan" erhielt. Heute schreibt Star-Architekt Jean Nouvel Le Havres Avantgarde-Architektur fort. 2008 eröffneten im alten Hafenbereich seine „Bains des Docks", eine 5000 Quadratmeter große Bade- und Wellnessoase, von außen ein grauer Betonklotz, im Innern strahlend weiß und lichtdurchflutet, mit klaren Formen, Vorsprüngen und Durchbrüchen. Abends betont die Fassadenbeleuchtung des Lichtplaners Yann Kersalé die horizontale Ausdehnung. Am Stadteingang dokumentiert Le Grand Stade, dass Le Havre nicht nur architektonisch, sondern auch beim Thema Nachhaltigkeit in der obersten Liga mitspielt: Die blaue Hülle, die das ufoartige Fußballstadium umgibt, erzeugt mehr Solarenergie als die Sportstätte für ihren Betrieb benötigt.

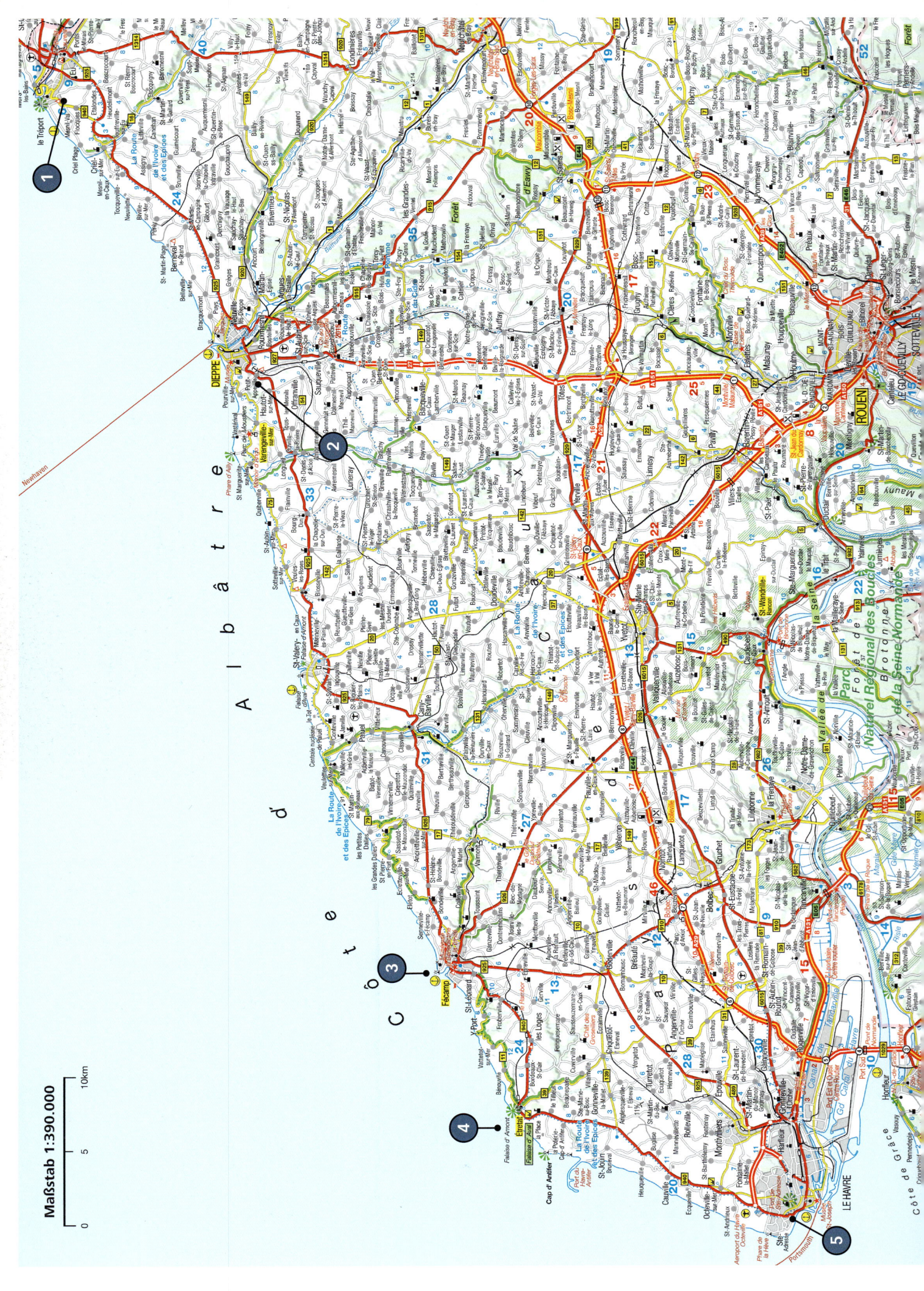

Maßstab 1:390.000

Europas älteste Seebäder

Wie eine gewaltige weiße Mauer stemmt sich die Alabasterküste auf 120 km gegen das Meer. 130 m ragen die Kalkwände auf und bilden dabei so monumentale Skulpturen wie die Falaise d'Aval. Wo Flüsse sich durch diese Mauer den Weg ins Meer bahnten, entstanden einige der ersten Badeorte Europas: Le Tréport, Dieppe, Fécamp.

❶ Le Tréport

Der Fischerei- und Badeort (5230 Einw.), von den höchsten Felsklippen Frankreichs umgeben, ist seit Anfang des 20. Jh.s dank der Eisenbahn beliebtes Wochenendziel der Pariser.

SEHENSWERT

378 Stufen – und eine kleine, kostenlose (!) Drahtseilbahn von 1908 – verbinden Unter- und Oberstadt. Von dort bietet der Aussichtspunkt **Calvaire des Terrasses** einen Paradeblick auf Ort, Fluss und Klippen. Von April bis September werden die Klippen nachts angestrahlt. Entlang der **Hafenpromenade** Quai François Ier servieren Bars und Restaurants Fisch und Meeresfrüchte, die gegenüber in der **Poissonnerie Municipale** fangfrisch verkauft werden.

MUSEUM

Die Geschichte des Orts erzählt das **Musée du Vieux Tréport** im ehem. Gefängnis (1, rue de l'Anguainerie, www.musee-du-vieux-treport.fr; Ostern–Sept. Sa., So. 10.00–12.00, 15.00–18.00 Uhr, Eintritt 3 €).

RESTAURANT/UNTERKUNFT

Köstliche Meeresfrüchte serviert das **€ €/€ € € Le Saint-Louis** (43, quai François Ier, Tel. 02 35 86 20 70). Im **€ / € € Hôtel de Calais** nächtigte 1835 Victor Hugo (1, rue de Calais, Tel. 02 27 28 09 09, www. hoteldecalais.fr; 34 Z.).

UMGEBUNG

In **Eu** (5 km südwestl.) ist die Glaskunst daheim. Im Tal der Bresle werden 80 % der französischen Parfümflaschen produziert – wie, verrät das Musée du Verre (140, chaussée de Picardie; Mai–Okt. Di., Sa. und So., Juli–Mitte Sept. auch Mi. 14.30–18.00 Uhr, Eintritt 5,50 €). Weiterer Höhepunkt: das Lieblingsschloss von Bürgerkönig Louis-Philippe (16. März–6. Nov., tgl. 10.00–12.00, 14.00–18.00 Uhr, Di., Fr. vorm. geschlossen, Eintritt 5 €).
Im Wald von Eu werden seit 1965 die Überreste der galloromanischen Siedlung **Bois l'Abbé** freigelegt (mit Gelegenheit zum Mitarbeiten für Jugendliche: http://boislabbe.wixsite.com/eubriga; Führungen für Jedermann: Juli/Aug. Di. 14.00 Uhr, 5 €).

Dieppe: Der beliebte Treffpunkt „Café des Tribunaux" (oben) und die gotische Église St-Jacques (rechts) am Jakobsweg.

OFFICE DE TOURISME

quai Sadi Carnot, 76470 Le Tréport
Tel. 02 35 86 05 69
www.letreport-tourisme.fr/de

❷ Dieppe

An der Mündung des Arques liegt zwischen hohen Kreidefelsen Frankreichs ältestes Seebad (30 600 Einw.), heute Fährhafen nach Newhaven. Nach den Badegästen kamen die Künstler: Camille Pissarro, Eugène Delacroix, Guy de Maupassant, Marcel Proust und Camille Saint-Saëns.

SEHENSWERT

Mittelpunkt des Seebades ist der kleine **Place du Puits Salé** mit dem **Café des Tribunaux**, seit dem 17. Jh. Treff von Dieppe. Unter den vielen Kirchen sind besonders die **Église St-Jacques** (13.–16. Jh.) am Jakobsweg nach Santiago de Compostela bemerkenswert sowie die **Église St-Rémy** von 1522.

MUSEEN

Als Elfenbeinhandel noch legal war, bildete er einen wichtigen Erwerbszweig der Stadt; Elfenbeinskulpturen zeigt das **Schlossmuseum** (rue de Chastes; Juni–Sept. tgl. 10.00–12.00 und 14.00–18.00, sonst bis 17.00 Uhr, Eintritt 4,50 €). Eine kindgerechte Einführung in Fischfang und Natur des Ärmelkanals bietet das **Meeresmuseum l'ESTRAN Cité de la Mer** (37, rue de l'Asile Thomas, Mo.–Fr. 9.30–18.00, Sa., So. 9.30–12.30, 13.30–18.00 Uhr, Eintritt 7,50 €).

RESTAURANT / UNTERKUNFT

François Hue kocht nach der Sterneküche im **€ € Bistrot des Barrières** (5/7, arcade de la Poissonnerie, Tel. 02 35 40 46 83, keine Webseite) eine perfekte Bistroküche im Relax-Ambiente.
Mit modernen Zimmern hinter nostalgischer Fassade und guter Küche bietet **€ € Les Arcades** die einzige Unterkunft am Hafen (1, arcades de la Bourse, Tel. 02 35 84 14 12, www.les arcades-dieppe.fr).

UMGEBUNG

Auf **Miromesnil** (8 km südl. in Tourville-sur-Arques) wurde Guy de Maupassant geboren (www.chateaumiromesnil.com; April–Nov. tgl. 10.00–12.00, 14.00–18.00 Uhr, 5 €). **Varengeville-sur-Mer** (westl.) bietet eine Seemannskapelle mit dem Grab des Malers Georges Braque (1882–1963), ein Museum über das künstlerische Multitalent Michel Ciry (www.musee michelciry.com, April–Sept. Mi.–Mo. 14.00 bis 18.00 Uhr, Okt. nur Sa./So., 5 €) und den 9 ha große Bois des Moutiers (www.boisdesmou tiers.com, 15. März–15. Nov. tgl. 10.00 bis 12.00, 14.00–18.00 Uhr, 11 €).

OFFICE DE TOURISME

Pont Jehan Ango, 76200 Dieppe
Tel. 02 32 14 40 60, www.dieppetourisme.com

❸ Fécamp

Der alte Haupthafen der Neufundlandfischer (19 700 Einw.) entstand um eine frühmittelalterliche Wallfahrtsstätte.

SEHENSWERT/MUSEUM

Vor der spätgotischen Marienkapelle der ehem. **Abteikirche de la Trinité** (urspr. 10. Jh.) birgt ein weißes Marmor-Tabernakel der Legende nach einige Blutstropfen Christi.

Tipp

Straße der Taubenhäuser

Zwischen Rouen und Dieppe verläuft die historische „Straße der Taubenhäuser". Die Zucht der Tauben, als Köstlichkeit auf den Tafeln der Könige und als Briefboten geschätzt, war seit dem Mittelalter Privileg der Herrschenden. Sichtbares Symbol wurden die teils üppig ausgeschmückten runden, vier- oder achteckigen „Colombiers". Das wohl größte Taubenhaus Frankreichs steht westl. Dieppe im Innenhof des Manoir d'Ango in Varengeville-sur-Mer: ein mächtiger Bau mit geometrischen Mustern aus farbigen Steinen – und 1600 Nistlöchern für je ein Taubenpaar.

Hinter der Klosterkirche erstreckt sich rund um die Place des Halettes das bunte Altstadtviertel. Das Musée des Terre-Neuvas & de la Pêche soll Ende 2017 am Grand Quai als **Musée des Pêcheries** neu eröffnen und auch das **Musée des Arts et de l'Enfance** (Kunst- und Kindheitsmuseum) aufnehmen. Auf dem Dach des 13,5-Millionen-Projektes wurde aus Stahl und Glas ein Belvedere mit 360°-Grad-Rundblick auf die Stadt und die See angelegt. Die Geschichte des Kräuterlikörs „Bénédictine" lässt sich im **Palais Bénédictine** verfolgen (110, rue Alexandre Le Grand, www. benedictine-dom.com, Juli/Aug. tgl. 10.00–18.30, sonst 10.30–12.30, 14.30–17.30 Uhr, 12 €, Cocktailworkshop 45 €).

AKTIVITÄTEN

Wandern in Baumwipfeln im **Woody Parc** (Avenue du Maréchal de Lattre de Tassigny, Fécamp, Tel. 02 35 10 84 83, www.woody-park. com, Juli/Aug. tgl. 10.00–19.30, April–Juni, Sept. bis 18.00 Uhr, ab 13 €).

RESTAURANT/UNTERKUNFT

In der € € **Auberge de la Rouge** serviert Johanna de Groot typische normannische Genüsse (445, route du Havre; Tel. 02 35 28 07 59, http://sidisa3.wixsite.com/auberge-de-la-rouge). Im € € / € € € **Marée** mit Fischmarkt munden Fruits de Mer und frischer Fisch zum Hafenblick (77, quai Bérigny, Tel. 02 35 29 39 15, www.restaurant-maree-fecamp.fr).
Das €/€ € **Hôtel Normandy** liegt zentral (4, ave. Gambetta, Tel. 02 35 29 55 11, www.nor mandy-fecamp.com, 33 Z.). Kaiserin Sisi verbrachte 1875 ihre Ferien im € € € / € € € € **Château de Sissi** (Sassetot-le-Mauconduit, Tel. 02 35 280011, www.hotelchateaudesissi. com, 25 Z., 3 Suiten) mit Spa.

OFFICE INTERCOMMUNAL DE TOURISME

Quai Sadi Carnot, 76400 Fécamp
Tel. 02 35 28 51 01
www.fecamptourisme.com

❹ Étretat

Kreidefelsen rahmen Étretat (1400 Einw.) an beiden Seiten. Die Küste von Étretat faszinierte Maler und Schriftsteller. Der Komponist Jacques Offenbach war so begeistert, dass er sich hier in der „Villa Orphée" niederließ.

Die Kreideklippen von Étretat (oben). Hafenszenerie in Le Havre (rechts).

SEHENSWERT

Im Schatten der berühmtesten Formationen der **Klippenküste** TOPZIEL gibt es unter dem imposanten Holzdach des **Markts** von 1926 Kunsthandwerk, Souvenirs und die schönen Dinge des Lebens. Das **Château des Aygues** aus dem 19. Jh. war Sommerresidenz der spanischen Königinnen (route de Fécamp, http:// chateaulesaygues.free.fr; Juli–Sept. Mi.–Mo. 14.00–18.00 Uhr, 6 €). Ungewöhnliche Genüsse locken auf dem 20 ha großen Hof „Le Valaine" rund ums **Manoir de Cateuil** (1714): Käse, Pasteten, Pralinen und Speiseeis – alles aus Ziegenmilch (route du Havre, Tel. 02 35 27 14 02, www.levalaine.com; Führungen Ostern–Sept. So. 11.00 Uhr, Juli/ Aug. Sa.–Mi., 7 €).

MUSEUM

Das Museum **Clos Lupin** in der Villa des 2013 verstorbenen Schauspielers Maurice Leblanc präsentiert den Schriftsteller und sein Werk als Parcours in sieben Etappen (15, rue Guy de Maupassant, www.etretat.net, April– Sept. tgl. 10.00–12.30, 13.30–18.00, Okt.–März Sa./So. 10.00–12.30, 13.30–17.30 Uhr, 7,50 €). Zur sinnlichen Entdeckungsreise rund um eine braune Bohne, die Naschkatzen begeistert, lädt das **Musée Découverte du Chocolat**, in dem reichlich probiert werden darf (Chocolats Hautot , 851 route de Valmont, Tel. 02 35 27 62 02, www.chocolatshautot.com/musee-du-choco lat, Mo.–Sa. 9.00–12.00, 14.00–18.30, Juli/Aug. auch So. 14.00–18.00 Uhr, 2 €).

AKTIVITÄTEN

Schön gelegen: der 18-Loch-Platz **„Golf d'Étretat"** (route du Havre, Tel. 02 35 27 04 89, www.golfetretat.com).

RESTAURANT/UNTERKUNFT

Feinschmeckerküche wird im € € € **Le Donjon** mit herrlichen Ausblicken auf die Bucht garniert (chemin de St-Clair, Tel. 02 35 27 08 23, www.hoteletre tat.com). Hoch auf den Klippen von Amont liegt € €/€ € € € **Le Dormy House** von 1870 mit gemütlichen Zimmern (Tel. 02 35 27 07 88, www. dormy-house.com/de).

OFFICE DE TOURISME
place Maurice Guillard, 76790 Étretat
Tel. 02 35 27 05 21, www.etretat.net

❺ Le Havre

1517 gründete König Franz I. an der Seinemündung einen Hafen, den Ludwig XIII. durch seinen Architekten Vauban in einen Militärhafen umwandelte. Heute ist Le Havre (173 000 Einw., im Großraum 237 000 Einw.) Frankreichs zweitgrößter Handelshafen und UNESCO-Welterbe.

SEHENSWERT
Von eigentümlichem Reiz ist die **moderne Architektur** (DuMont Thema S. 48/49), überragt vom städtischen Wahrzeichen, dem 106 m hohen Turm der **Église St-Joseph** (1957). Die **Magasins Généraux**, 1846 als erste Lagerschuppen Frankreichs nach britischem Vorbild um ein Hafenbecken angelegt, sind heute Herz des neuen **Ausgeh- und Flanierviertels** der Docks mit dem Shoppingkomplex Docks Vauban (www.docksvauban.com). Als Hommage an die Gärten von Seramis entstanden im einstigen Fort von Saint-Adresse die **Jardins Suspendus** (DuMont Thema S. 30ff.). Die Seinemündung säumt kilometerlang ein Kieselstrand mit frisch sanierter Strandpromenade.

MUSEUM
Gegenüber der Lotsenstation veranschaulicht das **Musée d'Art Moderne André Malraux** in einem Glasbau mit seiner Lage und Architektur das Thema seiner hervorragenden Impressionisten-Sammlung: Licht (2, blvd. Clémenceau; Mo., Mi.–Fr. 11.00–18.00, Sa., So. bis 19.00 Uhr, Eintritt 7 €, www.muma-lehavre.fr).

AKTIVITÄTEN
Thematische **Stadtführungen** veranstaltet das Office de Tourisme. **Hafenrundfahrten** vom Quai de Marine (Ostern–Sept.).

RESTAURANT/UNTERKUNFT
Waschechter Normanne und berühmter Küchenchef ist € € € **Jean-Luc Tartarin** (73, avenue Foch, Tel. 02 35 45 46 20, www.jean luc-tartarin.com). Ganz und gar maritim gibt sich gegenüber der Église St-Joseph das Hotel € € / € € € **Vent d'Ouest** (4, rue de Caligny, Tel. 02 35 42 50 69, www.ventdouest.fr; 34 Z.).

UMGEBUNG
Der 2141 m lange **Pont de Normandie** verbindet Le Havre mit Honfleur. Zwei 215 m hohe Pylone und 184 Stahlseile halten die Fahrbahn der weltgrößten Schrägseilbrücke.

OFFICE DE TOURISME
186, boulevard Clémenceau
BP 649, 76059 Le Havre cedex
Tel. 02 32 74 04 04, www.lehavretourisme.fr

Genießen   Erleben   Erfahren

DuMont Aktiv

Segeln mit Tante Fine

„Tante Fine" heißt ein Segelschiff, auf dem Passagiere nach Herzenslust mit anpacken können – beim Segel hissen, Deck schrubben, Festmachen. Unter dem Kommando eines verschmitzten Skippers mit Asterixbart schippert man vor den Kreideklippen durch die normannischen Gewässer.

Tante Fine wurde 1960 in Plouhinec gebaut und war vor Mauretanien und im Golfe de Gascogne zum Langustenfischen unterwegs. Danach ausgemustert, wurde sie 1991 vom AFDAM, einem Verein Fécamps zur Entwicklung und Förderung von maritimen Aktivitäten, wieder flottgemacht – mehr als 1000 Stunden arbeiteten dafür Ehrenamtliche auf den öffentlichen Docks. Der Einsatz hat sich gelohnt: Heute ist Tante Fine das Schmuckstück der drei Schiffe umfassenden Flotte. Eine feste Route gibt es nicht. Bei Flaute unterstützt ein Hilfsmotor die 170 m² Segelfläche des 26-Meter-Schiffes.

Seit 2009 gehört ein zweiter Holzsegler zur Flotte: der 22 Meter lange Langustenfänger „Michel & Patrick", von der Crew liebevoll „Mil' Pat" genannt. Das 1962 erbaute Holzschiff wurde ab 2001 von Ehrenamtlichen restauriert. Heimathafen der beiden Traditionssegler ist Fécamp. Hier wird seit 1863 ein weltberühmtes Allheilmittel gegen Seekrankheit produziert: der Likör Bénédictine. Ein kleines Fläschchen des legendären Elixiers aus 27 Kräutern und Gewürzen gehört auf jeden Fall ins Bordgepäck!

Weitere Informationen

April–Nov. jedes Wochenende
2 Std. ab 28 €, 4 Std. ab 49 €
für den Zweistundentörn

ISMM-AFDAM
39, quai Bérigny, 76402 Fécamp
Tel. 02 35 29 78 01

Bei diesen Törns entlang der Alabasterküste packen viele Gäste gerne und kräftig mit an. Backbord und Steuerbord verwechselt bald keiner mehr.

Savoir vivre à la Normandie

Aus den Fischerorten zwischen Seine und Orne wurden in der Belle Époque mondäne Seebäder der Pariser Gesellschaft, die in den luxuriösen Villen von Deauville, Trouville und Cabourg logierte, auf den „Planches" promenierte und sich abends in den Casinos der Côte Fleurie vergnügte. Mit ländlicher Nostalgie lockt das Hinterland: das sanft gewellte Pays d'Auge mit saftigen Weiden und knorrigen Apfelbäumen, Fachwerkhöfen und Herrenhäusern. Von hier stammen die kulinarischen Klassiker der Normandie: Cidre, Calvados und Camembert.

Im Hafen von Honfleur spiegelt sich die Vergangenheit.

Im Ortszentrum von Dives-sur-mer

Idylle vom Reißbrett: Deauville entstand 1860, als ein Konsortium unter Führung des Duc de Mornay die Marschen trocken legte und das mondänste Seebad der Normandie errichtete.

Wie wäre es mit Andouille de Vire –
über Apfelholz geräucherte Kaldaunenwurst?

Rücksprache mit dem Jockey beim Pferderennen in Deauville

Eine Fahrt entlang der Côte Fleurie von Honfleur nach Cabourg gleicht einer Zeitreise durch die Belle Époque.

An der Südseite der Seine-Mündung wird der Strand zu einem Band aus feinstem Sand. Den fulminanten Auftakt der Blumenküste bildet die Côte de Grâce. An ihren Küstenhügel schmiegt sich der wohl schönste Hafen der Normandie: Honfleur. Dicht an dicht drängen sich sechsstöckige schmale Häuser mit Fachwerk oder großem Mauerwerk und Schieferdach um das alte Hafenbecken. 1834 arbeitete hier ein zehnjähriger Junge eines Hafenarbeiters auf der Fähre, die zwischen Le Havre und Honfleur pendelte: Eugène Boudin, einer der ersten Freiluftmaler Frankreichs und Wegbereiter der Impressionisten. Ab 1850 gründete er auf der Ferme St-Siméon bei Honfleur eine kleine Künstlerkolonie und regte Maler wie Gustave Courbet und Claude Monet an, unter freiem Himmel zu malen. Immer wieder bannte Boudin Motive seiner Heimatstadt aufs Bild, die heute alles daran setzt, dass nichts die Idylle des nostalgischen Fischereihafen-Klischees stört.

Honfleur wird chic

Doch in die alten Hafenkneipen von Honfleur sind längst schicke Austernbars eingezogen. An den kopfsteingepflasterten Gassen drängen sich Antiquitätenläden, Galerien und Schlemmershops, auf den Parkplätzen konkurrieren Wagenkolonnen um den letzten freien Stellplatz. Auch das Umland hat sich auf die Haute Volée von heute eingestellt – mit Luxusherbergen, Wellnessoasen und Golfplätzen.

Stilvolle Seebäder vom Reißbrett

Eine Fahrt entlang der Côte Fleurie, der Blumenküste zwischen Honfleur und Cabourg, gleicht einer Zeitreise durch die Belle Époque. Im Zweiten Kaiserreich folgten reiche Pariser den Fußstapfen von Künstlern wie Alexandre Dumas, der 1829 erstmals seine Ferien in Trouville verbrachte. Binnen weniger Jahre verwandelten sich die verschlafenen Fischerdörfer Trouville und Houlgate zu Seebädern mit Stil.

Deauville und Cabourg wurden auf dem Reißbrett entworfen und mit eleganten Jugendstilvillen bebaut, die sich gegenseitig in ihrer Pracht zu übertreffen suchten. Auf breiten Promenaden flanierten Madame und Monsieur an den goldgelben Sandstränden entlang, abends amüsierte man sich bei Austern und Champagner in den Kasinos und Luxushotels. Wie, verrät Marcel Proust im zweiten Buch seiner siebenbändigen „Suche nach der verlorenen Zeit", das in den Leben, in den Zimmern und Salons des Grand Hôtel von Cabourg spielt. Der Romancier verbrachte hier von 1907 bis

Wie in alten Zeiten promeniert man in Trouville auf den „Planken".

In Reih und Glied: Sommerfrische der Belle Époque als Grafik von heute – am Strand von Cabourg. Im Grandhotel des Seebads schrieb Marcel Proust den Roman „Auf der Suche nach der verlorenen Zeit". Cabourg nannte er dort „Balbec".

Der alte Fischereihafen von Trouville ist heute ein beliebter Badeort.

1914 jede Saison. Bis heute reist die Prominenz an die Côte Fleurie. Zum Festival des amerikanischen Films geben sich Stars und Sternchen aus Hollywood ein Stelldichein in Deauville.

Millionen für ein Fohlen

Für Pferdehändler ist Deauville gleichbedeutend mit dem Jährling. Jeden Herbst wechseln hier die 18 Monate alten Fohlen für astronomische Summen den Besitzer: 2001 wurde ein Fohlen für mehr als eine Million Euro versteigert. Je makelloser das Jungtier, je besser der Stammbaum, umso höher der Preis – ein paar 100 000 Euro spielen für die arabischen Scheichs und die internationale Prominenz keine Rolle. Mehr als 80 000 Händler, Züchter, Jockeys und Käufer bevölkern dann das mondäne Seebad, lassen im Kasino die Roulettekugel rollen und dinieren in einem Nobelrestaurant, dessen Name ihre Leidenschaft bezeugt: „Le Yearling" – der Jährling. Weniger medienwirksam sind die „Fences"-Verkäufe,

Special

Pferde

Wellness für Rennpferde

....

Auch für Pferde wird Wellness in der Normandie groß geschrieben. Müde und kraftlose Galopper kommen in Bréhal in den Genuss einer Thalassotherapie. Wenige Meter vom Strand entfernt erhalten sie u.a. Meerwasser-Behandlungen, um für ihren nächsten Auftritt in Deauville wieder fit zu sein. Und wenn ein Gaul lahmt, hilft ein orthopädisches Hufeisen oftmals wieder auf die Sprünge (www.facebook.com/people/Francis-Gamichon/100009607865452).

Das Dörfchen Beuvron-en-Auge nordwestlich von Lisieux liegt an der Cidrestraße. Den Marktplatz schmückt ein wunderschönes Ensemble gut erhaltener Fachwerkhäuser.

Kirchenpracht in Lisieux:
die hochgotische Kathedrale St-Pierre...

... und die Kuppel der romanisch-byzantinischen Wallfahrtsbasilika Ste. Thérèse. Nur
Lourdes wird unter den französischen Wallfahrtsorten häufiger besucht als Lisieux.

Laetitia
Casta

Special

Ein Model als Marianne

In Pont-Audemer wurde im Mai 1978 ein Mädchen geboren, das im Jahr 2000 nach so prominenten Französinnen wie Brigitte Bardot, Cathérine Deneuve und Inès de la Fressange von einer Jury von 420 der insgesamt 36 000 Bürgermeister des Landes zur Millenniums-Marianne gewählt wurde: Laetitia Casta, bekannt als Partnerin von Obelix (Gerard Depardieu) in dem Film „Asterix in Rom".

Als Verkörperung der Französischen Revolution und ihrer Ziele Freiheit, Gleichheit, Brüderlichkeit stand die nach ihr geformte Nationalbüste vor fast jedem französischen Rathaus, bis im Herbst 2003 die Fernsehmoderatorin Evelyne Thomas ihre Nachfolgerin als Symbolfigur wurde.

die jedes Jahr in Bois-le-Roi auf dem Gut von Marcel Rozier, heute Springreiter-Trainer und 1976 Olympiasieger von Montréal, stattfinden. Hier erstehen Stammgäste unter sich siegverdächtige Sportpferde – für 460 000 Euro wechselte der Hengst „L'Arc de Triomphe" 2002 den Besitzer.

Quintessenz der Normandie

Mit seinen hügeligen Landschaften und den grünen Wiesen gilt das Pays d'Auge zwischen den Flüssen Touques und Dives als Quintessenz der gesamten Normandie. Rotbunte und schwarzbunte Milchkühe lagern zwischen Gänseblümchen und Löwenzahn im hohen Gras, rot blühende Geranien lockern die fast würdevolle Strenge des normannischen Fachwerks mit seinen parallelen dunklen Holzstreben und seinem hellweißen Putz auf. Moos und Flechten haben die tönernen Dachziegel erobert. Enten und Gänse schnattern hinter wettergegerbten Holzzäunen.

Mit unzähligen Kehren verbindet ein Netz schmaler Straßen und holpriger Landwege die kunstvollen, oft wehrhaften Manoirs, Herrenhäuser von Gutsherren und Geistlichen, mit alten Marktflecken wie Crèvecœur, Cambremer und Beuvron-en-Auge. Ein typisch normannisches Dorf ist auch Cormeilles im Pays

d'Auge. Fachwerkhäuser und Blumen prägen das Straßenbild, auch eine alte Flachstrocknerei und das Waschhaus am Ufer der Calonne sind erhalten. Wenn beim Spaziergang ein leichter Apfelduft in die Nase dringt, produziert die Distellerie Brusnel als einer der wichtigsten Hersteller in der Normandie wieder Cidre und Calvados – wie, verrät eine Ausstellung im Maison d'Auge. Die eigentliche Besonderheit dieses kleinen Ortes sind jedoch seine 17 Antiquitätenhändler in der Rue de L'Abbaye und Rue de Pont-Audemer.

Mehr als Käse für Genießer

„Wie soll man ein Land regieren, das für jeden Tag einen Käse hat?", soll Charles de Gaulle geseufzt haben. Bereits die Ortsschilder im Landesinnern erinnern an eine gut sortierte Käseplatte: Livarot, Pont l'Évêque und Camembert. Am Anfang der normannischen Käseproduktion stand der quadratische Weichkäse „Pont-l'Évêque", der seit mehr als 800 Jahren im Pays d'Auge aus roher Kuhmilch produziert wird. Durch mehrmaliges Waschen der Rinde in Salzlauge erhält er sein Aroma.

Während der Französischen Revolution erwuchs ihm im Dörfchen Camembert sein größter Konkurrent. Als Erfinderin des berühmtesten aller normanni-

À votre santé – im Keller der Calvados-Brennerei Château Breuil-en-Auge (nebenstehend). Madame Leprael (unten rechts) degustiert mit Kennernase. In der Käsehochburg Livarot achtet man auf Tradition (unten). Grüne Weiden bestimmen das Bauernland rund um Camembert (rechts oben).

schen Käse gilt Marie Harel. Die Bäuerin hatte 1791 – in Revolutionszeiten – einen Priester versteckt, aus Brie bei Paris, wo der gleichnamige Käse hergestellt wird. Zum Dank unterrichtete der Priester die Bäuerin in der Kunst des Käsemachens. Nach dem Ort seiner Entstehung nannten sie den milden Käse Camembert. Zum Durchbruch verhalf ihm Napoleon III. – geradezu süchtig nach dem Käse, ließ der Monarch ihn allen seinen Gästen servieren.

Fünf Binsenstreifen halten den Livarot zusammen. Der runde Käse mit rötlicher Rinde war im 19. Jahrhundert der beliebteste Käse der Bevölkerung und wurde, geschmackvoll und nahrhaft, auch das „Brot der Armen" genannt. Als helles

Ortsschilder erinnern an eine gut sortierte Käseplatte: Livarot, Pont l'Évêque, Camembert.

Herz zeigt sich der Neufchâtel. Die „Route du Fromage" präsentiert Hersteller und Historie des milden Weichkäses mit weißem Edelpilz aus dem Département Seine-Maritime, der Käsemarkt in Livarot zeigt die Käse-Vielfalt der Normandie.

Kurzurlaub auf dem Wochemarkt

Nicht auslassen sollte man auch die vielen Wochenmärkte der Normandie, die bis heute den Rhythmus der Städte und Dörfer bestimmen. Für die Normannen gleicht der morgendliche Marktbesuch einem Kurzurlaub: Sie plaudern mit den Händlern, kosten und kaufen die besten Produkte, treffen sich mit Freunden oder beschließen den Einkaufstag im Marktcafé, wo sie zur Zeitungslektüre einen Café calva genießen – den kleinen Koffeinkick mit dem großen Schuss Calvados.

APFELGENÜSSE

Cidre, Calvados & Co.

„Alle Normannen haben Cidre im Blut: ein saures Getränk, das bisweilen den Schlund sprengt", schrieb Gustave Flaubert in seinem Roman „Madame Bovary" über seine Landsleute. Und sein literarischer Schüler Guy de Maupassant ließ in der Novelle „Der Horla" auf dem Jahrmarkt Cidre-Ströme fließen. Seit vielen Jahrhunderten ist der moussierende Apfelwein im Nordwesten Frankreichs das Nationalgetränk.

Die Früchte der Normandie liefern die Ausgangsstoffe für leichten Cidre und den höherprozentigen Calvados.

Mit einem Glas Cidre gegen kupferne Kessel gelehnt, erzählt Philippe Huet, wie auf der Domaine de La Brière des Fontaines bei Cambremer seit 1865 Cidre hergestellt wird. „Bei uns wachsen auf 30 Hektar 20 Apfelsorten – bittere, süße und saure. Daraus komponieren wir unseren Cidre." Nach der Ernte werden die Äpfel gewaschen, in der Obstmühle zerkleinert und gepresst – 100 Kilogramm Fruchtfleisch ergeben 80 Liter Saft. Unter Luftabschluss vergärt danach der Fruchtzucker. Dabei ist Geduld gefragt: Drei Monate braucht der normannische Cidre, bis er völlig vergoren ist – hessischer Apfelwein ist in der Hälfte der Zeit fertig.

In der industriellen Produktion werden Hefen zugesetzt, um den Gärprozess zu beschleunigen – beim „Cidre artisanal" verlassen sich die Cidre-Bauern allein auf die natürlich vorhandenen Hefen. Während der Gärung setzen sich schwere Trübstoffe am Boden ab, leichte steigen an die Oberfläche. Daher wird jetzt „abgestochen", der Cidre mit einem Schlauch zwischen diesen beiden Schichten abgesaugt. In der Industrie folgt danach die Klärung – traditionsbewusste Bauern bevorzugen naturtrübe Varianten.

Cidre frisch vom Fass

Die Normandie mit ihren zehn Millionen Apfelbäumen ist der größte Cidre-Produzent Frankreichs. Vom bretonischen Konkurrenten unterscheidet sich der normannische Apfelwein durch einen höheren Anteil an süßlichen Äpfeln. Verwendet werden nicht Granny Smith oder Golden Delicious, sondern uralte Sorten. Im Frühling legen ihre Blüten einen rot-weißen Schleier über das Land, im Herbst reifen kleine, feste Äpfel. Mitten durch das Apfelland zwischen Cabourg und Lisieux führt die „Route du Cidre" (www.larouteducidre.fr), eine 40 Kilometer lange Rundstrecke zu 20 Produzenten. Bei ihnen lässt sich der „Cidre fermier" noch frisch aus dem Fass probieren – für den Export muss er jedoch pasteurisiert werden, so sind die Vorschriften.

Je nach Restzucker und Alkoholgehalt wird ein fruchtig-milder „Cidre

Cidre gibt es als fruchtig-milden „Cidre doux" mit zwei bis drei Prozent und als trockenen „Cidre brut" mit mehr als vier Prozent Alkohol. Top-Tropfen werden in Sektflaschen wie Champagner verkorkt.

doux" mit zwei bis drei Prozent oder ein trockener „Cidre brut" mit mehr als vier Prozent Alkohol auf Flaschen gezogen. Top-Tropfen heißen „Cidre bouché" und werden in Sektflaschen wie Champagner verkorkt. Doch Vorsicht: Cidre hat nicht nur eine berauschende, sondern manchmal auch eine durchschlagende Wirkung – er regt die Verdauung an.

Werden bei der Cidre-Produktion statt Äpfeln Birnen vergoren, entsteht der „normannische Champagner" – der „Poiré". Hauptanbaugebiet ist der Süden des Départements Orne – auf der Route du Poiré kann

Industrieware contra „Cidre artisanal": Traditionsbewusste Bauern verwenden keine Zuchthefen und klären ihren Apfelwein nicht.

Im Frühling überzieht ein Blütenmeer die Obstgärten (oben). Aus Apfelwein kann man Calvados brennen. Bernsteinfarben räumt er beim Essen den Magen auf und schafft Platz für die Desserts.

Besichtigung & Führung

Überall an den normannischen Landstraßen stehen Schilder mit der Aufschrift „Cidre fermier", dort gibt es den spritzigen Apfelwein direkt ab Bauernhof zu kaufen. In Bretteville-du-Grand-Caux lockt ein **Éco-Musée de la Pomme et du Cidre** (www.ecomuseeducidre.fr, einstündige Führung Jan.–Jun., Sept.–15. Nov. tgl. 14.30, Juli/Aug. 14.30, 16.30 Uhr, 5 €.

Domaine Dupont in Victot-Ponfol (zwischen Lisieux und Caen, www.calvados-dupont.com) stellt Cidre und Calvados her. Ein Tipp ist auch der Hof von **Alain Caboulet** im Departement Eure (www.leshautsvents.com). Im stilvoll eingerichteten Hofladen werden auch andere regionale Produkte angeboten.

Wie das Destillat aus Cidre gewonnen wird, zeigen Schaubrennereien wie **Distillerie Busnel** (route de Lisieux, Cormeilles, Tel. 02 32 57 38 80, www.distillerie-busnel.fr), **Boulard** in Coquainvilliers (www.calvados-boulard.com), und **Château de Breuil** (Breuil-en-Auge, Tel. 02 31 65 60 00, www.chateau-breuil.com).

der Poiré Domfront AOC direkt beim Produzenten verkostet werden. Michelin-Sternekoch Jérôme Bansard schätzt übrigens beide Cidre in der Küche. Minutenlang lässt er den Kabeljau im fruchtigen Sud schmoren, ehe er ihn mit Erbsen garniert im „Le Pavé d'Auge" in Beuvron-en-Auge serviert.

„Lebenswasser" Calvados

Aus den mehr als 2000 Apfelsorten der Normandie wird auch ein berühmtes „Lebenswasser" gebrannt: der Calvados. Bernsteinfarben bis cognacbraun räumt der samtige Cidrebrand zwischen den Gängen eines Menüs den Magen auf und schafft Platz für die Desserts – „faire un trou normand" nennen dies die Einheimischen. Seinen spanischen Namen verdankt der Apfelbrand einem Schiffsunglück. Als 1588 die Armada gegen England segelte, zerschellte ein Schiff, die „El Calvador", an der normannischen Küste und gab dem Landstrich seinen Namen.

Deutlich leichter ist der Pommeau de Normandie, seit 1991 ebenfalls ein AOC. Für ihn wird frisch gepresster Apfelsaft durch jungen Apfel-Branntwein in der Gärung gestoppt. Nach mindestens 14-monatiger Lagerung in Eichenfässern entsteht aus dem Aroma von 30 zugelassenen Apfelsorten ein süßer Aperitif mit angenehmer Säure und 17 Prozent Alkohol, der aufs Köstlichste Honigmelonen und warme Austern als Entree ergänzt oder Desserts mit Äpfeln oder Schokolade begleitet. Ob als Apéritif, als „trou normand" während des Essens oder als Digestif: Calvados mundet immer. Der beste Apfelbrand kommt aus dem Pays d'Auge, der dort als einziger der drei AOC aus der Normandie zweimal gebrannt wird.

Salben und Pomaden

Die kleinen würzigen Äpfel aus der Normandie galten auch als heilkräftig und linderten einst als Umschlag oder Brandsalbe so manche Schmerzen. In der Renaissance schließlich lieferten sie den Rohstoff zum geschätztesten Kosmetikartikel der Zeit: der Pomade. Dieser Name leitet sich vom Apfel ab, der auf Französisch „pomme" heißt.

Aus den mehr als 2000 Apfelsorten
der Normandie wird auch ein
berühmtes „Lebenswasser"
gebrannt: der Calvados.

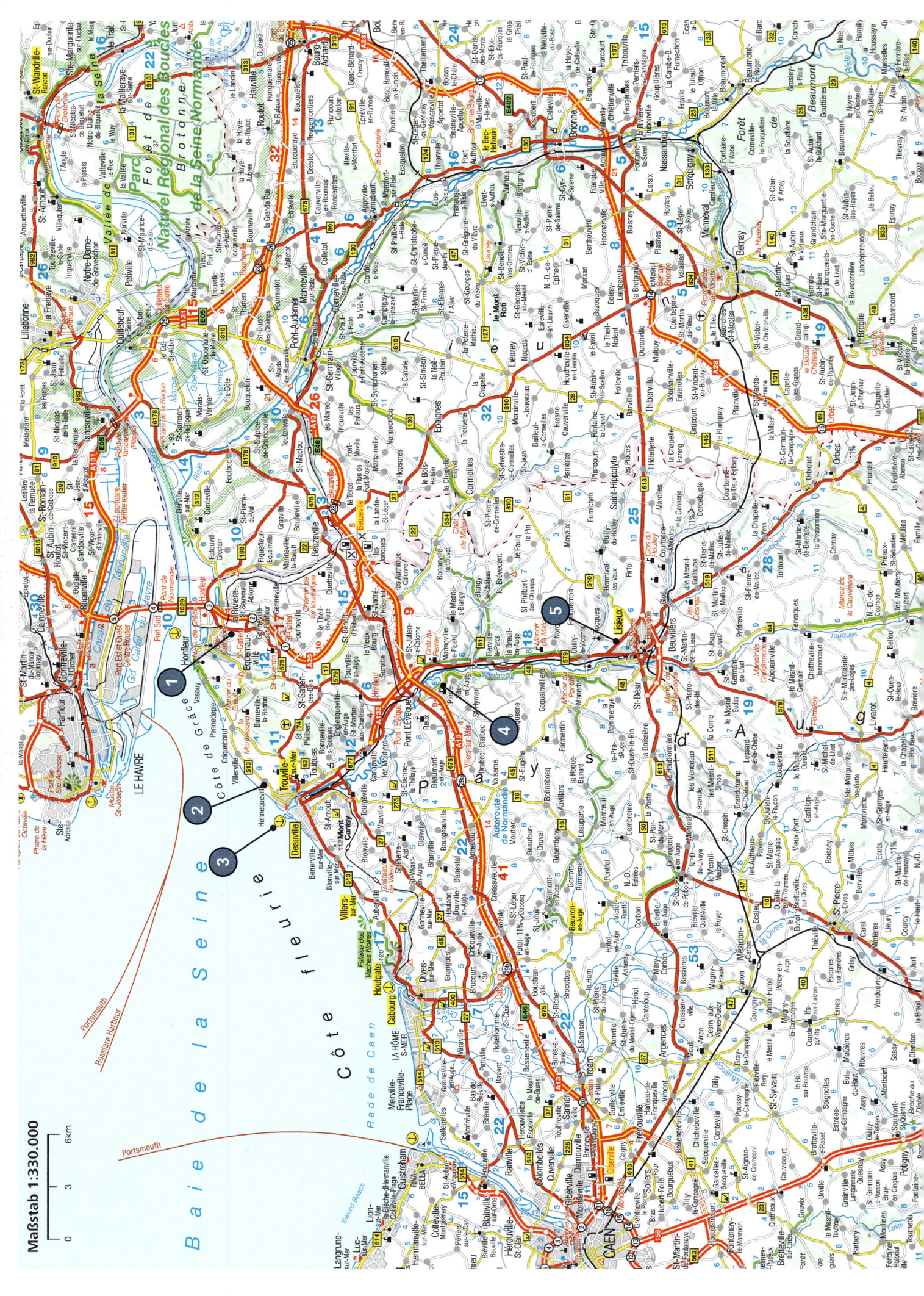

An der normannischen Riviera

Seit dem 19. Jh. ist dies die Badeküste schlechthin in Nordfrankreich. Zwischen Seine- und Orne-Mündung bezaubern Badeorte vom mondänen Deauville bis zum unprätentiösen Villers. Und hinter der Küste geht die Bilderbuch-Normandie weiter – mit glücklichen Kühen, blühenden Apfelbäumen und herausgeputztem Fachwerk.

1 Honfleur

Honfleur (7500 Einw.) ist mit seinen schiefer-verkleideten Häusern am alten Hafenbecken ein Besuchermagnet.

SEHENSWERT

Wahrzeichen der Stadt ist das alte Hafenbe-cken **Le Vieux Bassin TOPZIEL**, das die pitto-resken Häuser des Quai Ste-Cathérine, die zum Musée de la Marine umgestaltete Kirche **Ste-Étienne** (14./15. Jh.), das frühere **Stadt-tor „La Lieutenance"** (16. Jh.) und einstige **Salzspeicher** aus dem 17. Jh. säumen. **Ste-Cathérine** (15./16. Jh.) ist die größte Holzkir-che Frankreichs; ihr separater Glockenturm birgt eine Sammlung religiöser Kunst. Zum Ba-den an der Seinemündung lädt die Plage du Butin an der D 513 – während der Saison wird sie von Lebensrettern bewacht.

MUSEEN

In Honfleur wurde Eric Satie (1866–1925) gebo-ren – in den **Maisons Satie** begleiten seine Kompositionen via Kopfhörer den Weg durch Leben und Werk des avantgardistischen Musi-kers (88, rue Haute; Juni–Sept. Mi.–Mo. 10.00 bis 19.00, Febr.–Mai und Okt.–Dez. Mi.–Mo. 11.00–18.00 Uhr, Eintritt 6,20 €). Das **Musée Eugène Boudin** besitzt eine bedeutende Sammlung des vorimpressionistischen Malers (rue de L'Homme de Bois; Mitte März–Sept. Mi.–Mo. 10.00–12.00, 14.00–18.00, sonst Mi. bis Mo. 14.30–17.00, Sa., So. auch 10.00–12.00 Uhr, Eintritt 8 €). Den Spuren von Binot Paulmier, der 1503 als erster Franzose Brasilien betrat, folgt **„Naturospace"**, das bei 28 °C tropische Pflanzen und Falter präsentiert (boulevard Charles V, www.naturospace.com; Okt.–Mitte Nov., Febr., März und Weihnachtsferien tgl. 10.00–17.00, Apr.–Aug. tgl. 10.00–18.00 Uhr, 8,80 €).

AKTIVITÄTEN

Schiffsausflüge ab Quai des Passagers in der Saison tgl. 10.30–17.00 Uhr.

RESTAURANT

Vincent Guyon verbindet in seinem gemütli-chen Restaurant € €/€ € € **La Fleur de Sel** die

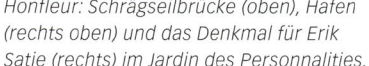

Honfleur: Schrägseilbrücke (oben), Hafen (rechts oben) und das Denkmal für Erik Satie (rechts) im Jardin des Personnalities.

Küche seiner Großmutter mit eigenen Ideen (17, rue Haute, Tel. 02 31 89 01 92, www.lafleur desel-honfleur. com).

UNTERKUNFT

Ruhig und gemütlich ist € € **Le Belvédère** (36, rue Emile Renouf, Tel. 02 31 89 08 13, www. hotel-belvedere-honfleur.com, 9 Z.).
Unter dem Schieferdach einer Pfarrei aus dem 16. Jh. bietet € € € **L'Absinthe** nostalgische Zimmer (1, rue de la Ville, Tel. 02 31 89 23 23, www.absinthe.fr, 6 Z.).

UMGEBUNG

Herrliche Ausblicke aufs Meer, die Seine-Mün-dung und Le Havre bieten sich vom **Mont Joli** (1,5 km), den die Kapelle Notre Dame de Grâce (1600–1615) bekrönt. In **Pont-Audemer** (12 km südöstl.) verbinden Kanäle mit malerischen Brücken die beiden Arme des Risle. In der Rue Sadi Carnot stehen elegante Bürgerhäuser aus dem 17. Jh. Das Musée Alfred Canel von 1876 ist ein Kuriositätenkabinett mit Käfern, Kerami-ken und Werken lokaler Künstler (64, rue de la

République, www.ville-pont-audemer.fr, Mai bis Sept. Mo., Mi.–Fr. 14.00–18.00, Sa., So. 10.00 bis 12.30, 14.00–18.00, Okt.–April Mi., Fr. 14.00 bis 18.00, Sa., So. 10.00–12.30, 14.00–18.00 Uhr, Eintritt frei).

OFFICE DE TOURISME

quai Lepaulmier, 14600 Honfleur
Tel. 02 31 89 23 30, www.ot-honfleur.fr

2 Trouville-sur-Mer

Der alte Fischereihafen (4800 Einw.) ist heute ein beliebter Badeort – und deutlich weniger mondän als Deauville am anderen Touques-Ufer.

SEHENSWERT

Die Villen entlang der „Planches", der **Strand-promenade**, spiegeln den Stilmix der Bäder-architektur im Zweiten Kaiserreich: Villa Sidona prägt der Historismus, Hôtel des Roches Noires der Klassizismus, Villa Les Flots imitiert die

Renaissance. Treffpunkt der Nachtschwärmer ist das **Casino Barrière** (place Maréchal Foch). Die Geschichte des Seebades erzählt das **Musée de la Villa Montebello** (64, rue Général Leclerc; Juni–Sept. Di.–So. 10.00–12.30, 14.00–18.00, Okt.–März Mi., Fr.–So. 10.00 bis 12.30, 14.00–18.00 Uhr, Eintritt 2 €).

AKTIVITÄTEN

Fischmarkt in der Fischhalle (tgl. morgens), **Bootsausflüge** mit der avec le Gulf Stream 2 (www.gulfstream2-trouville.com). „**Trouville Beach Golf**" am Strand.

RESTAURANT/UNTERKUNFT

Abseits des allgemeinen Trubels offeriert € € **La Petite Auberge** regionale Fischküche (7, rue Carnot, Tel. 02 31 88 11 07, www.lapetite aubergesurmer.fr). Das Fünfsternehaus € € € / € € € € **Les Cures Marines** residiert im imposanten Thalassozentrum von 1912 (Boulevard de la Cahotte, Tel. 02 31 14 42 80, www.accorhotels.com).

OFFICE DE TOURISME

32, quai Fernand-Moureaux, 14360 Trouville Tel. 02 31 14 60 70, www.trouvillesurmer.org

Tipp

Rund um den Käse

Einblicke in die Produktion von Livarot und Pont-l'Évêque gewährt **Le Village Fromager** (42, rue du Général Leclerc, Livarot, südl. Lisieux, Tel. 02 31 48 20 00, www.graindorge.fr, Nov.–März Mo.–Fr. 10.00–12.30, 14.30–17.30, Sa. 10.00 bis 13.00 Uh, April–Juni, Sept., Okt. Mo. Sa. 9.30–13.00, 14.00–17.30, Juli, Aug. Mo. bis Sa. 9.30–17.30, So. 10.30–17.30 Uhr; Eintritt frei) von Graindorge mit Betriebsführung und Käsemuseum. Alles Wissenswerte rund um den Camembert präsentiert das **Musée du Camembert** in Vimoutiers (nordöstl. Argentan, s. Karte S. 112; 10, avenue du Général de Gaulle, Tel. 02 33 39 30 29, April–Juni, Sept.–Nov. tgl. 14.00–18.00, Juli/Aug. Mo.–Fr. tgl. 14.00–18.00, Sa., So. 10.00–18.00 Uhr, Eintritt 3 €).

Normannische Fachwerkkunst in Beuvron-en-Auge (oben); Grand Hotel Cabourg (rechts oben); Basilika von Lisieux (rechts).

❸ Deauville

Das „21. Arrondissement von Paris" kultiviert den Lebensstil der Hauptstadt an der Küste: chic, edel, teuer – mit noblen Villen, exklusiven Boutiquen, Pferderennen, Polospielen und Vollblut-Auktionen. Das mondänste Seebad der Normandie (3900 Einw.) entstand 1860 auf dem Reißbrett, als ein Konsortium unter Führung des Duc de Mornay hier die Marschen trockenlegte und eine völlig neue Stadt realisierte.

SEHENSWERT

„Sehen und gesehen werden" ist das Motto auf den „**Planches**" TOPZIEL, der 1921 mit Holzbrettern angelegten Strandpromenade. Parallel verläuft der Blumencorso des Boulevard Eugène-Cornuché. Herz der Stadt ist die mit Wasserspielen geschmückte **Place Morny**. Inmitten eines englischen Parks erhebt sich die **Villa Strasbourger** mit normannischer Fachwerkfassade – eines der schönsten Anwesen aus dem frühen 20. Jh.

AKTIVITÄTEN

Thalassotherapie (www.thalasso-deauville.com), **Reitzentrum** (St-Gatien-des Bois, Tel. 02 31 65 42 91).

RESTAURANT

Leckere Fischgerichte machen € € / € € € **Le Garage** zum Lieblingslokal (118, avenue République, Tel. 02 31 87 25 25, http://restau rant-garage-deauville.fr). „Tout Paris" isst im € € € / € € € € **L'Etrier** (bvd. Cornuche, Tel. 02 31 98 66 33, www.lucien barriere. com).

UNTERKUNFT

200 m vom Meer empfiehlt sich € € / € € € **Le Trophée** (81, rue du Général Leclerc, Tel. 02 31 88 45 86, www.letrophee.com, 35 Z.). Der Mythos Deauville lebt im legendären Luxushotel € € € / € € € € **Normandy Barrière**, wo bis heute Jetset und Stars absteigen (38, rue Jean-Mermoz, Tel. 02 31 98 66 22, www.lucien barriere. com, 290 Z.).

UMGEBUNG

Marcel Proust verewigte **Cabourg** (20 km westl.) mit seiner nostalgischen Bäderarchitektur und dem pompösen Grand-Hotel in seiner „Suche nach der verlorenen Zeit". Aus dem heute versandeten Hafen von **Dives-sur-Mer** brach Wilhelm der Eroberer mit seiner Flotte

im Oktober 1066 nach England auf. Meereskrokodile, Ichthyosaurier und sogar Dinosaurier haben Paläontologen bei den Falaises des Vaches Noires von **Villers-sur-Mer** (8 km westl.) ausgegraben – das Paléospace l'Odyssée präsentiert die schönsten Fossilien der Urzeit (www.paleospace-villers.fr, Juli/Aug. 10.00 bis 19.00 Uhr, sonst kürzer; Erw. 8 €).

OFFICE DE TOURISME

112, rue Victor Hugo, 14800 Deauville Tel. 02 31 14 40 00, www.deauville.org

❹ Pont-l'Évêque

Aus der Kleinstadt (4600 Einw.) an der Touques stammen der älteste normannische Käse und ein bekannter Calvados.

SEHENSWERT

In der **Altstadt**, im Zweiten Weltkrieg stark zerstört, wurden Fachwerkhäuser aus dem 17. bis 19. Jh. originalgetreu wieder aufgebaut, darunter auch das **Stift der Dominikanerinnen**, heute ein Kulturzentrum mit interessanter Dauerausstellung zur Stadtgeschichte, Artothek, Kunstkursen und Wechselschauen zum zeitgenössischen Kunstschaffen. 1624 wurde das **Hôtel Montpeniser** mit vielfarbiger Fassade aus Steinen und Ziegeln erbaut. Die **Église St-Michel** aus dem 15. Jh. schmücken moderne Glasfenster von F. Chapuis.

RESTAURANT/UNTERKUNFT

Das € € / € € € **Eden Park** liegt ruhig an einem See (Base de loisirs, Tel. 02 31 64 64 00, www.edenparkhotel.com). Noch ruhiger logieren Sie auf dem ehemaligen Normannenhof € / € € **Ferme de Géffosse** (Route de Saint-Hymer, Tel. 02 31 64 19 19, /www.gite-nor mandie.com), der heute das Hotel Le Petit Manoir und sechs Fewos für Selbstversorger birgt.

UMGEBUNG

An der Straße nach Trouville präsentiert die Brennerei Père Magloire die Calvados-Herstellung mit dem **Musée du Calvados et des Métiers Anciens** Kellerführung und Verkostung (www.calvados-pere-magloire.com). 25 km südwestl. liegt das hübsche Fachwerkdorf **Beuvron-en-Auge**.

OFFICE DE TOURISME

16 bis, place Jean Bureau, 14130 Pont l'Évêque, Tel. 02 31 64 12 77 www.blangy-pontleveque.com

⑤ Lisieux

Die Geschichte der Bischofsstadt Lisieux (23 300 Einw.) im Herzen des Pays d'Auge ist die der hl. Thérèse von Lisieux (1873–1897). 15-jährig trat sie in das Kloster Lisieux ein. Ihre Lebens-„Geschichte einer Seele" gilt als das meistgelesene spirituelle französische Buch. 1923 wurde sie selig, 1925 heilig gesprochen. Ihr Festtag ist der 1. Oktober.

SEHENSWERT

1929–1954 entstand die 4500 m² große **Wallfahrtsbasilika Ste-Thérèse** (ave. Jean XXIII, www.therese-de-lisieux.catholique.fr, 9.00 bis 19.30, Mai, Juni, Sept. 9.00–19.00, April, Okt. bis 18.30, Dez.–März bis 17.30 Uhr) im romanisch-byzantinischen Stil mit 80 m hoher Kuppel und von Robert Coin gemeißeltem Portal, das Jesus mit den Aposteln und die Jungfrau am Berg Karmel darstellt. Mehr als 1 Mio. Gläubige pilgern jährlich zum Grab der hl. Thérèse – nur Lourdes wird von mehr Wallfahrern besucht. In der **Cathédrale St-Pierre** (place François-Mitterrand, 9.00–19.30, Mai, Juni, Sept. 9.00–19.00, April, Okt. bis 18.30 , Dez. bis März bis 17.30 Uhr) aus dem 12. Jh. befindet sich die Grabstätte von Bischof Pierre Cauchons, der 1430 den Prozess gegen Jeanne d'Arc einleitete. In **„Les Buissonnets"** wohnte Thérèse vom 4. bis 16. Lebensjahr und gesundete auf wundersame Weise (rue du Carmel; Apr.–Sept. 10.00–12.00, 14.00–18.00 Uhr, sonst kürzer, Eintritt frei). Die Reliquien der Heiligen birgt die **Karmeliterkapelle** (rue du Carmel; www.carmeldelisieux.fr, tgl. 7.20 bis 18.30 Uhr).

MUSEUM

Geschichte und Leben der Karmeliterinnen zeigt die Ausstellung **„Les Carmel de Ste-Thérèse"** (rue du Carmel; März–Okt. tgl. 9.30 bis 12.15, 13.30–18.00, Nov.–Mitte März tgl. 9.45–11.45, 14.00–17.45 Uhr).

RESTAURANT/UNTERKUNFT

Normannisch-nostalgisch gibt sich das €€ / €€€ **Grand Hôtel de l'Esperance** (16, Boulevard Sainte Anne 14100 Lisieux, Tel. 02 31 62 17 53, www.lisieux-hotel.com).

OFFICE DE TOURISME

11, rue d'Alençon, 14100 Lisieux Tel. 02 31 48 18 10, www.lisieux-tourisme.com

Wat(t) für ein Rennen!

In Jullouville, einem kleinen Badeort, rund 7 km südlich von Granville, startet alljährlich Ende Mai das skurrilste Spektakel im französischen Pferdesport: die „Trophée des Plages" – ein rasantes Wettrennen im Schlick …

Seit 1886 organisiert die Société des courses hippiques de Jullouville das Wettrennen auf dem Watt. Sobald die Flut abgelaufen ist, strömen Zuschauer, Züchter und Zocker an den breiten Sandstrand. Bei den sieben Rennen auf dem 2 km langen Rundkurs des Hippodrome de la Cale können die Zuschauer auf das richtige Pferd setzen – und mit etwas Glück ihre kleinen Einsätze ins große Geld verwandeln. Das Gelände ist nicht mit einer gewöhnlichen Rennbahn vergleichbar. Mal sinken die Pferde tief in den weichen Untergrund ein, dann wieder fliegen die Hufe über den Sand.

Beim Zielauflauf sind Ross und Reiter kaum wiederzuerkennen: Verschwitzt und patschnass, Reitdress, Fell und Schutzbrille völlig vom Schlamm bedeckt, preschen beide über die Zielgerade. Und läuft die Flut eher auf als gewöhnlich, erhalten beide noch eine unfreiwillige Dusche.

Höhepunkt des Wettspektakels zwischen Ebbe und Flut ist das Auftakt-Rennen um die mit 100 000 Euro dotierte Trophée des Plages, die an den besten Watt-Turfer verliehen wird. Nach Jullouville zieht der Watt-Rennzirkus weiter in die Bretagne, nach Plestin-les-Grèves (Juli), Plouescat und Ploubalay-Lancieux (beide August).

Weitere Informationen

Office de Tourisme
Place de la Gare, B.P. 14
50610 Jullouville-les-Pins
Tel. 02 33 61 82 48
www. jullouville.com

Trophée des Plages
Die Renntermine orientieren sich an der Flut, der Eintritt ist kostenlos. Es gibt zwar eine kleine Tribüne, trotzdem besser einen Klappstuhl mitbringen.

Ein Mal jährlich für sechs Stunden wird das weite Watt von Jullouville zum Hippodrome de la Cale, auf dem Traber und Galopper um Ruhm und Geld kämpfen.

Heller Sand,
weiße Kreuze

Zweimal war die Perlmuttküste Schauplatz der Weltgeschichte: An ihren breiten Stränden erinnern Soldatenfriedhöfe, Museen und Memorials an die Landung der Alliierten im Sommer 1944, die sich 2014 zum 70. Mal jährte. Im Hinterland leben die Erinnerungen an Guillaume Le Conquérant fort: Im Oktober 1066 eroberte der Normannenherzog Wilhelm England. Als erster „Comic Strip" der Geschichte erzählt der berühmte Teppich von Bayeux in 58 Szenen detailreich Vorgeschichte und Schlachtverlauf.

Bei Ebbe treten sie heute noch hervor: die Ruinen des künstlichen Kriegshafens „Mulberry B" vor Arromanches.

Sommerliches Strandgewimmel in Courseulles-sur-Mer, dem wichtigsten Badeort an der Côte de Nacre. Courseulles spielte als „Juno Beach" eine wichtige Rolle bei der alliierten Landung 1944. Das Museum Centre Juno Beach erinnert an die Dramatik und ehrt die 40 000 dort gefallenen Soldaten.

Unübersehbare Spuren des Zweiten Weltkriegs an den Stränden der Invasion: die Granattrichter im Freilichtmuseum an der Pointe du Hoc am nördlichsten Punkt der Côte de Nacre.

Omaha Beach Memorial: 9387 weiße Steinkreuze auf grünem Rasen

Fünfzehn Kilometer von Bayeux entfernt huldigt das prachtvolle Château de Balleroy der Ballonfahrerei mit dem Musée des Ballons.

Special

D-Day made in Hollywood

„Der längste Tag" (1962), mit zwei Oscars ausgezeichnet, ist längst Hollywood-Legende.
Eine wahre Starriege – Henry Ford, John Wayne, Robert Mitchum und Sean Connery bei den Alliierten, Gerd Fröbe und Curd Jürgens bei den Deutschen – spielte mit in diesem Kriegsdrama, das den D-Day halbdokumentarisch ausbreitet. Die Regisseure Ken Annakin, Andrew Marton und Bernhard Wicki versuchten sich an drei Erzählsträngen aus amerikanisch-britischer, französischer und deutscher Sicht. Ein echter Landser-Film, gepackt mit Action und Effekten, ist Steven Spielbergs Drama „Der Soldat James Ryan" (1998) mit Tom Hanks und Matt Demon – eine amerikanisch-patriotische Sicht auf die Abgründe eines jeden Krieges.

Von Ouistreham bis zur Pointe du Hoc säumen weite Sandstrände die Küste der Côte du Nacre. Bekannter wurde die „Perlmuttküste", die heute Strandsegler begeistert, als „Landungsküste". Von hier aus starteten die Alliierten am 6. Juni 1944 den längsten aller Tage: D-Day, den „Decision Day". Die bislang größte Landeoperation besiegelte die deutsche Niederlage im Zweiten Weltkrieg und befreite Europa vom nationalsozialistischen Regime.

Der Morgen, der alles veränderte

Das Wetter war schlecht, sehr schlecht. Niemand auf deutscher Seite rechnete mit einer Invasion. Auch nicht Erwin Rommel, Oberbefehlshaber der Heeresgruppe B. Am 5. Juni reiste er nach Ulm, um den Geburtstag seiner Frau zu feiern. Mitten in der Nacht begann die „Operation Overlord". Drei Divisionen Fallschirmspringer sprangen an beiden Flügeln der Front ab. Während die amerikanischen und britischen Paratrooper Zug um Zug Schlüsselpositionen wie Flugabwehrbatterien, Straßen, Brücken und Schleusen eroberten, näherte sich eine Armada britischer, kanadischer und US-Einheiten mit 4126 Landungsbooten und 1213 Kriegsschiffen den fünf Strandabschnitten, die bis heute ihre Kriegsnamen tragen: Utah, Omaha,

Gold, Juno und Sword Beach. Unter heftigen Kämpfen und enormen Verlusten an Menschenleben wurden 135 000 Soldaten und 20 000 Fahrzeuge an Land gebracht. 9370 alliierte Jäger und Bomber flogen an diesem Tag 14 674 Einsätze und ließen 12 000 Bomben auf deutsche Stellungen niederregnen.

Acht chronologisch angelegte Strecken der „Normandie – Terre Liberté" führen zu den geschichtsbeladenen Stätten, die bis heute frösteln lassen. Die Heftigkeit der Kämpfe und den hohen Blutzoll des alliierten Vorstoßes demonstriert besonders die Themenroute „D-Day – Le Choc", die am Strand von Omaha Beach beginnt. Hier stießen die Sturmwellen der US-Infanterie auf den erbitterten Widerstand der deutschen Truppen. Die Schlacht wurde zum Blutbad. 9387 perfekt aufgestellte weiße Steinkreuze auf grünem Rasen ragen dort heute in den Himmel, umgeben von Totenstille.

Eine Schlacht als Comic Strip

Am 7. Juni war Bayeux die erste Stadt Frankreichs, die von den Alliierten befreit wurde. Das wertvollste Zeugnis einer früheren Schlacht verbrachte jene Jahre gut verborgen in den Kellergewölben des Pariser Louvre und kehrte erst 1948 nach Bayeux zurück: der älteste

Die prächtige Kathedrale von Bayeux. Wer ahnt heute noch, dass sie an der Stelle eines alten römischen Tempels errichtet wurde? Vom ursprünglichen romanischen Bau sind nur die Krypta und der Kern der Türme erhalten.

Blick in den Innenraum der Kathedrale von Bayeux. Nichts deutet mehr darauf hin, wie viele Zerstörungen sie im Laufe ihrer Geschichte erfahren musste. Das Hauptschiff misst 23 Meter Höhe.

Der 70 Meter lange Teppich von Bayeux (Ausschnitt) erzählt die Geschichte Wilhelms des Eroberers

erhaltene Wandteppich des Mittelalters – die „Tapisserie de la Reine Mathilde", besser indes bekannt als „Teppich von Bayeux". In 58 Szenen erzählt die Arbeit, vermutlich von für ihre Kunstfertigkeit bekannten englischen Stickerinnen gefertigt, die Eroberung Englands durch den Normannenherzog Wilhelm, von der Vorgeschichte im Jahr 1065 bis zum Sieg über Harold II. in der Schlacht von Hastings am 14. Oktober 1066.

Zehn Jahre lang wurde das 68,38 Meter lange und rund 50 Zentimeter breite Wandbild aus bunten Wollfäden auf

Urlaub im Schloss   **Special**

Dîner mit dem Schlossherrn

. . . .

Wer einmal in einem richtigen Schloss übernachten möchte, der kann sich diesen Traum in der Normandie leicht erfüllen.

27 Adelssitze und Schlösser wie zum Beispiel das Château de la Roque bieten Gästezimmer zu zivilen Preisen und laden zum Dîner mit Schlossfrau und Schlossherr. Im Manoir de Villeurs, bei Rouen an der Seine gelegen, wölben sich Baldachine über den Betten. Die Wände sind mit rotem Damast gespannt, bis zur Decke reichen die Spiegel. Alte Stiche erzählen von längst vergangenen Zeiten. In Acquiny am Flüsschen Eure besitzt die Familie d'Esneval seit 1656 ein kleines Renaissanceschloss. Der 1810 angelegte Park ist ein Kleinod. Schlossvereinigungen sind „Bienvenue au Château", „Relais & Chateaux" und Châteaux & Hotels de France".

Außer der Kanzel (Bild) sind auch der Hauptaltar und die Chorgitter sehenswert.

Das ehemalige Klostergebäude der Abbaye aux Hommes ("Männerkloster") dient heute als Rathaus von Caen.

Der mächtige Burgkomplex von Caen wurde millionenschwer saniert. Heute birgt er hinter seinen wuchtigen Mauern das Musée des Beaux-Arts und das Musée de Normandie, den Beratungssaal und die Kirche Saint-Georges.

Große Teile von Caen wurden bei der Landung der Alliierten 1944 zerstört. Geblieben sind unter anderem Teile der mittelalterlichen Altstadt.

Leinen im Stil- und Plattstich gestickt, der untere Rand mit Ornamenten verziert, der obere Rand mit lateinischen Erläuterungen zur Schlacht versehen. Zu sehen ist nicht nur kämpfende Ritterschar, sondern die gesamte Lebenswelt des Mittelalters: Menschen in typischer Kleidung, Schiffe und Häuser jener Zeit sowie die erste bekannte Darstellung des Kometen Halley.

Ab 1077 wurde der Bilderreigen einmal jährlich in der Kathedrale von Caen aufgehängt – 400 Jahre lang. Dass er heute im Centre Guillaume Le Conquérant zu bewundern ist, ist dem beherzten Eingreifen des Anwalts Leforestier zu verdanken, der das Meisterwerk 1789 vor den Schergen der Revolution retten konnte, die die Leinwand als Wagenplane missbrauchen wollten.

Auf Wilhelms Spuren in Caen

Beide Ereignisse der Weltgeschichte vereint die Burg von Caen: 1066 ließ Wilhelm der Eroberer sie auf einem zentralen Hügel in der Stadt errichten, 1944 wurde die imposante Festung zwei Monate schwer umkämpft und von all den Bauten freigeschossen, die im Laufe der Jahrhunderte den Hügel nach und nach

Nur durch Zufall entkam der Teppich von Bayeux den Revolutionswirren von 1789.

erobert hatten. Heute liegt der Mauerring auf einem Felskegel wie eine Insel im tosenden Verkehr der Hauptstadt der Basse Normandie. Der Burgkomplex wurde in den letzten Jahren als Wiege anglo-normannischer Geschichte mit Unterstützung der Europäischen Union millionenschwer restauriert und zu einer Touristenattraktion ausgebaut – unter anderem mit Ausstellungsräumen unter der Terrace d'Artillerie und einer Esplanade de la Paix.

Die schönsten kulinarischen Erlebnisse

Käse, Austern – und viel mehr

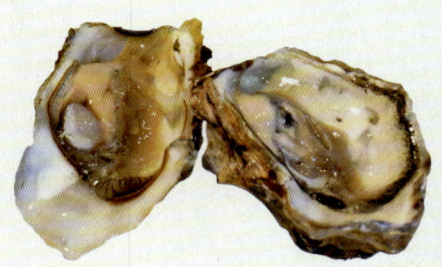

In Frankreich ist die Küche als immaterielles Welterbe anerkannt – und die Normandie eine Schlemmerdestination par excellence. Kochkurse, Märkte und ganz besondere Events laden ein, sie zu entdecken.

4 Les rencontres de Cambremer

Cidre aus dem Pays d'Auge, Pommeau aus dem Calvados, Poiré aus Domfront und Käse wie Livarot, Pont l'évêque, Camembert und Neufchâtel: Am ersten Maiwochenende präsentiert ein Markt in Cambremer die AOP und AOC-Produkte aus der Normandie und anderen Regionen Frankreichs. An beiden Tagen laden Workshops ein, die regionalen Genüsse beim Kosten und gemeinsamen Kochen selbst zu entdecken – und Chefköchen beim Schaukochen zuzusehen.

www.lesrencontresde cambremer.fr

5 Normannische Kochkunst

Welche Gerichte sind typisch für die normannische Küche und wie werden sie zubereitet? In kleinen Gruppen bereitet Elisabeth Tirel im Einklang mit den Jahreszeiten normannische Spezialitäten zu. Besonders beliebt sind die Kurse, in denen sie das Geheimnis einer guten Tarte Tatin lüftet – unbedingt rechtzeitig reservieren!

La Maison du Chef Normand, Lieu dit La forge, 14130 Saint-Philbert-des-Champs, Tel. 02 31 64 86 10 www.lamaisonduchef normand.fr; Atelier Normand 54 €, Normannischer Tag 84 €

1 Göttliche Cocktails

Aus 27 Kräutern und Gewürzen wird im Benediktinerpalast von Fécamp der Kräuterlikör „Bénédictine" hergestellt. Heute mixen Barkeeper auch köstliche Cocktails aus dem Likör. Wie sie gelingen, verrät Marc Jean, Chef de Bar im Deauviller Fünfsterne-Hotel „Normandy Barrière" und Präsident der Vereinigung französischer Barkeeper.

1,5 Std., 45 € pro Person Anmeldung: www.benedictinedom.com

2 Normanisches Picknick

Mitten im Forêt d'Andaine residiert das Vier-Sterne Hotel-Restaurant „Le Manoir du Lys". Sein Chefkoch Franck Quinton hält für Wanderer einen Picknickkorb bereit, gefüllt mit normannischen Produkten: Cidre, Rohmilchkäste sowie herzhafte Würste und auch süße Macarons.

Le Manoir du Lys, Route de Juvigny, La Croix Gautier, 61140 Bagnoles-de-l'Orne, Tel. 02 33 37 80 69 , www. manoir-du-lys.fr

3 Die Sonnenschirme von Deauville

Deauville ist berühmt für seine „Planches", seine Strandpromenade mit den Sonnenschirmen. Aus ihnen schuf Éric Dufay einen Keks in Form der Sonnenschirme. Alle Zutaten sind natürlich: Butter, Mehl, Äpfel, Karamell und Vergeoise-Zucker. Dank guter Haltbarkeit eignen sich die Sonnenschirme als Mitbringsel.

www.eric-dufay.com Set mit fünf Sonnenschirmen 12,95 €

Map labels:
Ärmelkanal
Cherbourg-Octeville
Dieppe
1
Le Havre
Rouen
10   3   6
Caen
4   5
8   9   7
Jersey (GB)
NORMANDIE
2
le Mont-St-Michel
Chartres
Seine
8
10
4

6 Formules Terroir Normand

Überall in der Normandie laden Cidre-Kellereien, Calvados-Brennereien und Hofläden ein, regionale Produkte zu kosten. Wer dazu nicht kreuz und quer durch die Region reisen möchte, kann bei Frédéric Crouzet kompakt und unterhaltsam Küche und Keller der Normandie kennenlernen. Bei seinen „Formules Terroir Normand" präsentiert der einstige Kellermeister und Sommelier der Université du Vin nicht nur die Kostproben der AOC-geschützten Getränke, also von Cidre, Poire, Pommeau, Calvados, sowie von AOP-Käse, sondern auch die Tropfen des einzigen Winzers der Normandie „Arpents du Soleil".

Normandie Dégustation Terroir
43, rue Roger Dellencourt
14800 Deauville
Tel. 06 84 98 46 86
www.normandie-degustation-terroir.fr
diverse Probier-Pakete buchbar ab zwei Personen

7 1001 Légumes

Im Küchengarten von Schloss Beaumesnil wachsen rund 500 verschiedene Gemüsearten, im Supermarkt beträgt die Auswahl jedoch nur knapp ein Dutzend: Spielerisch das Bewusstsein für die Vielfalt in der Küche zu schärfen und der Einheitsnahrung der Agroindustrie entgegen zu wirken, ist das Ziel der Initiative 1001 Légumes. Sie feiert jährlich Ende September ein Festival der 1001 Gemüsearten, das Künstler, Gärtner, Köche und lokale Produzenten rund um das Thema Garten und Gemüsebeet versammelt.

Association 1001 Légumes
Le Potager des Beaumesnil
27410 Beaumesnil
Tel. 02 32 46 02 54
www.1001legumes.com

8 Der echte Camembert

Als letzter Betrieb im Dörfchen Camembert stellt die Fromagerie Durand den Weichkäse noch ganz traditionell aus Rohmilch her. Alle Arbeitsgänge erfolgen ausschließlich per Hand – vom Schöpfen der Käsemasse bis zum Formen des Laibs, der auf Metallgestellen im Käsekeller zur Vollendung reift. Zuschauen und Verkosten kann man im Juli und August.

Fromagerie Durand, La Héronnière, 61120 Camembert, Tel. 02 33 39 08 08
Mo.–Sa. 10.00–12.30, 15.00 bis 18.00 Uhr, Erw. 6 €

9 Journées Gourmandes

Jährlich findet auf Château du Breuil zu Pfingsten ein dreitägiger Schlemmermarkt statt. Die Distillerie lädt zu Verkostungen ein, Chocolaterie Mérimée ist mit dabei, Keksmanufaktur „La Biscuiterie de Sainte Mère", „Frisson Normand" mit Konfitüre, Chèvrerie du Mesnil mit Ziegenkäse, Dominique Boscher mit Honig sowie der Hof Chevalait mit Stutenmilchprodukten.

Château du Breuil, Les Jourdains, 14130 Le Breuil-en-Auge, Tel. 02 31 65 60 00, http://chateau-breuil.com, 9.00 – 18.00 Uhr, Eintritt frei

10 Besuch einer Austernfarm

„L'autre goût de la Normandie – Der andere Geschmack" nennt sich der Betrieb in der Bucht von Veys – denn dort dreht es sich nicht um Cidre oder Camembert, sondern um Austern, die auf riesigen Tischen langsam wachsen. Sie gelten als besonders reich an Fleisch und Geschmack – eine Führung mit Verkostung beweist es.

„L'autre goût de la Normandie", Base conchylicole
14450 Grandcamp-Maisy
Tel. 02 31 22 62 44
Führungen: Juli/Aug. Do. 9.30 Uhr, Erw. 4,50 €

Schauplätze der Weltgeschichte

Westlich der Ornemündung erstreckt sich die Côte de Nacre (Perlmuttküste). Ihre weiten Strände gingen vor allem als Landeplätze der Alliierten im Juni 1944 in die Geschichte ein. Heute gehören sie wieder den Badegästen.

❶ Die Landungsküste

Mit der Schlacht um die Normandie begann an der Côte de Nacre die Befreiung Europas vom Nazi-Terror. Auf acht chronologischen Themenrouten durch die Départements Calvados, Manche und Orne lassen sich die geschichtsbeladenen Stätten entdecken und der Ablauf der Schlacht nachvollziehen.

MUSEEN

Am frühen Morgen des 6. Juni 1944 landeten die ersten alliierten Truppen in Ranville-Bénouville. Als erste französische Brücke wurde noch vor Mitternacht der Pont de Pegasus befreit – das **Mémorial Pegasus** erinnert daran (avenue du Major Howard, www.memorial-pegasus.org, Feb./März, Okt.–Mitte Dez. 10.00 bis 17.00, April–Sept. 9.30–18.30 Uhr, 7,50 €). Das **Centre Juno Beach** ehrt den Beitrag Kanadas, dessen Soldaten am Juno Beach an Land gingen und am 9. Juni als Erste in die Vororte von Caen eindrangen (voie des Français Libres, Courseulles-sur-Mer, www.junobeach.org; April–Sept. 9.30–19.00, sonst 10.00–13.00 und 14.00–17.00 Uhr, Museum und Park 11 €). An Utah Beach und Omaha Beach kämpften die US-Amerikaner – ihren Erfolgen sind das **Musée America Gold Beach** (2, place Admiral Byrd, Ver-sur-Mer, www.goldbeachmusee.fr; April–Juni, Sept., Okt. Mi.–Mo. 10.30 bis 17.30, Juli/Aug. tgl. 10.30–17.30 Uhr, 4,50 €) und das **Musée Mémorial d'Omaha Beach** gewidmet (avenue de la Libération, St-Laurent-sur-Mer, www.musee-memorial-omaha.com; Juli, Aug. tgl. 9.30–19.30, sonst bis 18.30/18.00, Mitte Feb.–Mitte März 10.00–12.30, 14.30 bis 18.00, Mitte März–Juni, Sept.–Mitte Nov. 9.30 bis 18.30 Uhr, 6,90 €) und das **Musée du Débarquement** (Ste-Marie-du-Mont, www.utah-beach.com; Juni–Sept. tgl. 9.30–19.00, Okt. bis Mai tgl. 10.00–18.00 Uhr, 8 €). Symbol für den Mut der jungen US-amerikanischen Soldaten wurde die Pointe du Hoc, ein deutsches Festungsbollwerk, von Rangern unter Leitung von Colonel Rudder am Morgen des 6. Juni eingenommen. In lebensgroß nachgestellten Szenen werden im 2013 eröffneten **Overlord Museum** die sechs im besetzten Frankreich ver-

Overlord-Museum Colleville (oben). Port-en Bessin: Fischerhafen an der Landungsküste (rechts oben). Schönes Ufer: Riva-Bella-Strand bei Ouistreham (rechts).

tretenen Armeen dargestellt (Rond point d'access du Cimétiere Américan, Colleville-sur-Mer, www. overlordmuseum.com; Juli/Aug. tgl. 10.00–18.30 Uhr, sonst kürzer; 7,80 €). Sword und Gold Beach wurden von den Briten eingenommen, die in **Arromaches-les-Bains** TOP-ZIEL vor der Küste künstliche Wellenbrecher und Hafenanlagen installierten, um den Nachschub zu sichern. Direkt an der Küste veranschaulicht das **Musée du Débarquement** die Herausforderungen beim Bau und Betrieb des künstlichen Hafens „Mulberry B", über den innerhalb von 100 Tagen 2,5 Mio. Soldaten, vier Mio. Tonnen Kriegsgerät sowie 500 000 Fahrzeuge an Land gebracht wurden (place du 6 Juin, www.musee-arromanches.fr; tgl. Febr. bis Juni, Sept.–Dez. tgl. 10.00–12.30, 13.30 bis 17.30, Juli/Aug. tgl. 9.00–19.00 Uhr, 8 €). **Arromanches 360°** präsentiert auf neun Leinwänden den „Preis der Freiheit", einen faszinierenden Film über die Normandie von 1944 und heute (chemin du Calvaire, www. arromanches360.com; Juni–Aug. tgl. 9.40–18.40, Sept. bis Mai. 10.10–18.10, Nov.–März bis 17.10 Uhr,

6 €). 27 Soldatenfriedhöfe erinnern im Hinterland daran, wie verlustreich die Schlacht um die Normandie war: 98 628 Soldaten ließen hier ihr Leben, davon 58 312 Deutsche. Wie die Kämpfe zwischen den Knicks des Hinterlandes, der „bocage", im Sommer 1944 verliefen, verrät seit Juni 2017 das neue **Normandy Victory Museum** bei Catz (www.normandy-victory-museum.com, Hochsaison tgl. 10.00–19.00, sonst bis 18.00 Uhr., Jan. geschl., 8 €).

FÜHRUNGEN

Gruppentouren zu den Landungsstränden und Schlachtfeldern veranstaltet der „D-Day-Historian" Paul R. Woodadge (Tel. 02 31 22 28 82, www.ddayhistorian.com, 1-4 Personen 600 €, 5-7 Pers. 675 €). Wie Fallschirmjäger sich einst der Küste näherten, lässt sich bei einem Gleitschirmflug vielleicht ein wenig nachempfinden (Tel. 02 31 21 03 31, www.parapente-normandie.com, ab 760 €).

VERANSTALTUNG

VERANSTALTUNG
Gedenktag zur alliierten Landung am 6. Juni

RESTAURANT
€ €/€ € € **La Crémaillère** lockt mit normannischen Gerichten (boulevard de la Plage, Courseulles-sur-Mer, Tel. 02 31 37 46 73, www.
la-cremaillere.com).

UNTERKUNFT
Zwei Zimmer im zentral gelegenen € € **Hôtel
d'Arromanches** bieten Ausblicke auf den
Landungsstrand (2, rue du Colonel René Michel, 14117 Arromanches, Tel. 02 31 22 36 26,
www.hoteldarromanches.fr, 9 Z.). Zeitgemäß
und gemütlich ist € / € € **Le Normandie** mit
schöner Terrasse (71, avenue Michel-Gabieu,
14150 Ouistreham, Tel. 02 31 97 19 57, www.
lenormandie.com, 22 Z.).

OFFICE DE TOURISME
Pont Saint-Jean, 124400 Bayeux
Tel. 02 31 51 28 28
www.bessin-normandie.com

② Bayeux

Bayeux (14 900 Einw.) blieb im Zweiten Weltkrieg unversehrt. So präsentiert sich dem Besucher noch heute Mittelalter pur zu Füßen
der prächtigen Kathedrale. In der quicklebendi-
gen Stadt bezaubern einer der schönsten
Märkte der Normandie und als Besuchermagnet ein 70 m langer Wandteppich mit der Geschichte Wilhelm des Eroberers.

SEHENSWERT
Höhepunkt des Zentrums ist die **Kathedrale
Notre-Dame** (rue Bienvenu, tgl. 8.30 bis
17.00/18.00 Uhr), die 1077 in Gegenwart von
Wilhelm dem Eroberer geweiht wurde. Bischof

Tipp

Fürstlich logieren

....

Im Kamin prasselt das Feuer, aus der
Küche duftet es appetitlich. Über aus-
getretene Steinstufen steigt der Gast in
sein Gemach, einen geräumigen Salon
in warmen Gelb- und Rottönen. Aus
schmalen Fenstern in dicken Steinmauern, die für himmlische Ruhe sorgen,
schweift der Blick über sanft gewellte
Wiesen und Weiden. Seit 30 Jahren werden die Gäste im Gutshof € € / € € €
Ferme de la Rançonnière aus dem
13. bis 15 Jh. fürstlich betreut.

INFORMATION
Crepon, 15 km östl. Bayeux
route de Creully, Tel. 02 31 22 21 73
www.ranconniere.fr

*Bayeux: Kathedrale (oben) und Restaurant in
der Innenstadt (rechts). Wilhelm der Eroberer
wurde auf Burg Falaise geboren (oben rechts).*

Odo de Conteville, Halbbruder Wilhelms, gab
als Schmuck des neuen Sakralbaus die heute
bekannteste Sehenswürdigkeit der Stadt in
Auftrag: den Teppich von Bayeux.

MUSEEN
Der **Teppich von Bayeux**, ein fast 70 m langes und etwa 50 cm hohes besticktes Leinen-
kunstwerk, zählt zum UNESCO–Dokumenten-
erbe der Menschheit. Um das Jahr 1070 entstanden, zeigt es die Geschichte der Eroberung
Englands durch die Normannen. Zu bewundern
ist der Teppich im **Musée de la Tapisserie** im
TOPZIEL Centre Guillaume le Conquérant
(rue de Nesmond, www.tapisserie-bayeux.fr;
Mai–Aug. tgl. 9.00–19.00, März, April, Sept. bis
18.30, Nov.–Feb. 9.30–12.30, 14.00–18.00 Uhr,
9,50 €). An die Militäroperationen auf den Landungsstränden erinnert das **Musée Mémorial
de la Bataille de Normandie** (bvd.Fabian
Ware, www.normandiememoire.com; März, April und Okt.–Dez. tgl. 10.00–12.30, 14.00 bis
18.00, Mai–Sept. 9.30–18.30 Uhr, Eintritt 7,50
€). Im Bischofspalast eröffnete 2013 das
Musée d'Art et d'Historie Baron Gérard,
das mit mehr als 5000 Exponaten zur Zeitreise
durch die Kulturgeschichte lädt – vom Dekor
einer galloromanischen Villa (11. Jh.) bis zum
Porzellen von Bayeux (37 rue du Bienvenu,
www.mai rie-bayeux.fr, Mitte Feb.–April, Okt.
bis Dez. tgl. 10.00–12.30, 14.00–18.00, Mai bis
Sept. tgl. 9.30 bis 18.30 Uhr, Eintritt 7,50 €, Museumspass: 2 Museen 12 €, 3 Museen 15 €).

RESTAURANT
Eine Schiefertafel am € / € € **Bistrot de Paris**
(3, rue Dr. Guillet, Tel. 02 31 92 00 82) verrät,
was die Fischer von Port-en-Bessin gefangen
haben.

UNTERKUNFT
Im € € / € € € **Le Lion d'Or** sind die Zimmer
gediegen, das Essen des Zweihaubenkochs Patrick Moilleau ein Genuss (71, rue St-Jean, Tel.
02 31 92 06 90, www.liondor-bayeux.fr, 27 Z.).
Ruhig liegt das € € / € € € **Château de Belle-
fontaine** in einem alten Park (49, rue de Belle-
fontaine, Tel. 02 31 22 00 10, www.hotel-belle
fontaine.com).

UMGEBUNG
Seit dem 12. Jh. werden im Bessin Töpferwaren
hergestellt; die „Poterie des Vieux Fours" in
Noron-la-Poterie zeigt, wie die Keramiken

produziert und mit der typischen Salzlasur
überzogen werden (route de St-Lô, 7 km südw.,
http://moulins-aublet.com, tgl. 9.30–12.00,
14.00–17.00 Uhr). Im Wald von Cerisy huldigt
das prachtvolle **Château de Balleroy** (15 km
südw.) der Ballonfahrerei mit dem Musée des
Ballons (www.chateau-balleroy.fr; Juli/Aug.
10.45–18.00, April–Juni, Sept. 10.45–11.45,
14.15–18.00 Uhr, Schloss und Museum 9 €).

OFFICE DE TOURISME
Pont St-Jean, 14400 Bayeux
Tel. 02 31 51 28 28
http://bayeux-bessin-tourisme.com

③ Caen

Catumagos – Schlachtfeld, nannten die Kelten
die spätere Hauptstadt der Basse-Normandie
(107 200 Einw., Communauté urbaine mit 50
Kommunen: 242 000 Einw.), die im Zweiten
Weltkrieg stark zerstört wurde. Erstaunlicher-
weise blieben die beiden Benediktinerabteien
weitgehend unbeschädigt. Heute ist der
Hauptort des Departements Calvados eine le-
bensprühende Universitätsstadt mit breitem
Angebot und viel untouristischem Charme.

SEHENSWERT
Das um 1060 von Wilhelm dem Eroberer er-
baute **Château Ducal** (www.chateau.caen.fr)
gehört zu den größten Befestigungsanlagen
Europas und birgt im Innern die **Kirche St-
Georges** (12.–15. Jh.), den Gerichtssaal der
Herzöge der Normandie (12. Jh.) sowie zwei
Museen. Von der Ringmauer mit mächtigen
Bastionen bieten sich besonders abends sehr
stimmungsvolle Ausblicke. Das Klosterge-
bäude der **Abbaye aux Hommes** dient heute
als Rathaus von Caen. Die ehem. Abteikirche

St-Étienne (place Louis-Guillouard; tgl. 8.30 bis 12.00, 14.00–19.30 Uhr) aus dem 11. Jh. ist ein Schmuckstück romanischer und frühgotischer Architektur und Grabstätte Wilhelm des Eroberers. In den Klostergebäuden der **Abbaye aux Dames** residiert der Regionalrat der Basse Normandie. Die romanische ehem. Abteikirche La Trinité aus dem 11. Jh. wurde 1060 von Königin Mathilde gegründet, sie ruht in der Krypta. Neben hervorragenden Konzerten neu im Angebot: günstige wie gute Gästezimmer! (place Reine Mathilde, www.abbayeaux dames. org). Auf einer Müllhalde entstand 1994 der 17 ha große **Parc Floral des Collines aux Oiseaux** (avenue Admiral Mountbatten) – heute blühen hier mehr als 15 000 Rosen.

MUSEEN
Die Geschichte des 20. Jh. vom Ersten Weltkrieg bis zum Fall der Berliner Mauer dokumentiert das **Mémorial de Caen** als „Musee pour la Paix" und fragt, wie Frieden gestaltet werden kann (Esplanade Général Eisenhower, www.memorial-caen.fr; Febr.–Okt. tgl. 9.00 bis 19.00, sonst bis 18.00 Uhr. Jan. geschl, Eintritt 19,80 €). In der Burg von Caen zeigen das **Musée des Beaux-Arts** italienische und französische Meister des 17. und 18. Jh. (www. mba.caen.fr, Juni–Okt. Mo.–Fr. 9.30–12.30, 14.00–18.00, Sa./So 12.00–18.00, Nov.–Mai Mi. bis Fr. 9.30–12.30, 14.00–18.00, Sa./So 12.00 bis 18.00 Uhr, 3,50 €) und das **Musée de Normandie** Archäologie und Brauchtum der Region (www. musee-de-normandie.caen.fr; tgl. 9.30–18.00 Uhr, 3,50 €). Der Architekt Paul Bigot (1870–1942) schuf den **Plan de Rome**, ein rund 70-m²-Gipsmodell der Stadt Rom zur Zeit Konstantins im frühen 4. Jh. im Maßstab 1:400 (Université de Caen, Campus 1, www.unicaen. fr/rome; Führung nur nach Voranmeldung unter Tel. 02 31 56 62 38, Do. 14.00–15.00 Uhr, 5 €).

AKTIVITÄTEN
Freizeitpark „Festyland" (Bretteville-sur-Odon, nahe Flughafen, www.festyland.com; Mitte Juni–Aug. tgl. 10.00/ 10.30/11.00 bis 18.00/19.00 Uhr, Zeiten wechseln je nach Tag, Eintritt 20,50 €).

RESTAURANT/UNTERKUNFT
Michel Besnier kocht vorzüglich in der Belle-Époque-Brasserie € €/€ € € **Le Carlotta** (16, quai Vendeuvre, Tel. 02 31 86 68 99, www. lecarlotta.fr).
Neben dem Mémorial bietet das € € **OTELINN** gepflegte Gastlichkeit (avenue Maréchal Montgomery, Tel. 02 31 44 34 20, www.hotel-otelinn-caen-memorial.fr).

UMGEBUNG
Etwa 30 km südl. thront über der Stadt **Falaise** die Burg (urspr. um 1000), auf der 1027 Wilhelm der Eroberer geboren wurde.

OFFICE DE TOURISME
place St-Pierre
14000 Caen
Tel. 02 31 27 14 14
www.caen-tourisme.fr

Genießen   Erleben   Erfahren

DuMont Aktiv

Radeln auf der Mühlenroute

Nördlich von Caen leitet die „Straße der Mühlen" durch das anmutige Hügelland des Bessin zwischen den idyllischen Tälern von Seulles, Mue und Thue. An der 35 Kilometer langen Rundstrecke liegen nicht nur zahlreiche Getreide- und Woll-Mühlen, sondern auch mehrere sehenswerte Kirchen und Schlösser.

Start ist in Reviers, Leihräder gibt es im Badeort Courseulles-sur-Mer. Die markierte Route folgt zunächst dem Tal der Mue. Nach 2 km lockt das erste Highlight: Château de Fontaine-Henry (www.chateau-de-fontaine-henry. com). Weiter im Tal der Mue wird Thaon erreicht, in dem sich einst fünf Mühlen drehten – heute kann man die Mine à Poivre besichtigen. Sehenswert ist auch die romanische Kirche des Ortes.

Wir verlassen das Mue-Tal und radeln durch Wiesen und Felder gen Westen nach Cully (7 km), wo Richtung Lantheuil die idyllischste Moulin Foulon (18. Jh.) das kleine Wiesenflüsschen Thue überspannt. Auf dem Weg nach Rucqueville (4 km) weicht die Heckenlandschaft („Bocage") des Bessin allmählich der weiten, offenen Ebene von Caen. Pause gefällig? Dann halten Sie an der romanischen Kirche von Rucqueville oder in St-Gabriel-Brécy (3 km nördlich) mit seiner gleichnamigen Mühle. Schon sehen Sie die Silhouette der Burg von Creully im Tal der Seulles – rasten kann man am Fluss mit Schlossblick. Letzte Station der Rundroute ist Amblie (4,5 km) mit seinen einst sieben Mühlen. Reviers wird nach weiteren 2 km erreicht.

Windmühle bei Courseulles-sur-Mer

Weitere Informationen
Leihräder Vélos et Rosalies, Courseulles-sur-Mer, Tel. 06 87 92 36 51, 12 €/Tag
Unterkunft Nostalgische Gästezimmer bieten Lysian und Jean-François Roussel:
€ € / € € € Domaine de Louise et Paul 2, place Louis XIV, Thaon, Tel. 02 31 08 39 79 www.france-balades.fr/CHAMBRE-D-HOTES/calvados/le-domaine-de-louise-et-paul
Info Faltblatt „Route des Moulins" bei den Office de Tourisme von Courseulles, Creully, Caen und Bayeux

Felsiger Finger ins Meer

Wilde Felsen und einsame Strände, gerahmt von Heideland, wo Erika und Stechginster blühen: Die Halbinsel des Cotentin erinnert im Norden und Osten an die Bretagne. Der Westen gibt sich lieblicher: Sein 100 Kilometer langes Band von Sandstränden, hin und wieder unterbrochen von Häfen mit melancholischem Charme, endet am Mont St-Michel, wo der Glaube wie die Gezeiten zu Höchstleistungen finden: ein mystischer Klosterberg in einem Meer mit mächtigem Tidenhub.

Ein Moment der Stille: Am Abend kommt die weltberühmte und entsprechend stark besuchte Klosterkirche Mont St-Michel zur Ruhe.

Typisch Cotentin: blühende Hortensien und moosbewachsene Granithäuschen

Zum Dior-Museum in Granville gehört auch ein herrlicher Garten,
in dem die schönsten Rosen üppig blühen.

Dior-Seeblick in Granville: Der berühmte Modeschöpfer verbrachte hier seine Kindheit.

Die Westküste des Cotentin mit seinen Sandstränden ist ein gutes Revier für Segelschulen – hier in Portbail südlich von Barneville.

Mehr als 300 Kilometer Küste säumen die Halbinsel des Cotentin, dessen Name an Kaiser Konstantin erinnert, der von Trier aus zu Beginn des 4. Jahrhunderts über Gallien herrschte. Weitaus mehr über den Charakter der weit in den Ärmelkanal ragenden Spitze verrät ihr Beiname: „normannisches Finis Terrae". Zerklüftete Felskaps säumen hier die Küste; mehr als 14 Meter erreicht der Tidenhub der Gezeiten beispielsweise auf den Granville vorgelagerten Îles Chausey.

An der äußersten Nordspitze des westlichsten Département der Normandie verwandelt eine gewaltige Meeresströmung namens Raz Blanchard selbst bei Windstille das Meer in eine tosende See. Kein Wunder, dass das Cap de la Hague

Raz Blanchard heißt die gewaltige Meeresströmung, die das Cap de la Hague zum Kap Hoorn Europas macht

unter Seefahrern auch „Europas Kap Hoorn" genannt wird. Riffe dicht unter der Wasseroberfläche tun ein Übriges – und spielen bei zahlreichen legendenhaft ausgeschmückten Geschichten, in denen es um spektakuläre oder tragische Unglücke geht, eine verhängnisvolle Rolle.

Überliefert ist beispielsweise das bittere Schicksal eines Enkels Wilhelms des Eroberers, den der wilde Raz de Barfleur um seinen englischen Thron brachte. Und so verwundert es den erfahrenen Küstenwanderer nicht, wenn das ablaufende Wasser bei Ebbe vielerorts Wracks ans Tageslicht bringt.

Die Gefahr für die Schifffahrt wurde immerhin als so groß eingeschätzt, dass zu Napoleons Zeiten ernsthaft die Möglichkeit durchdacht wurde, die sumpfigen Niederungen zwischen Lessay oder

Fast am Cap de la Hague gelegen ist der für die Kaplandschaft typische kleine Fischerhafen Port-Racine.

Auch in der Normandie sind frühgeschichtliche Steinsetzungen zu finden:
In Pointe d'Agon steht ein besonders gut erhaltenes Beispiel.

Rustikale Gastlichkeit in Omonville-la-Petite nahe dem Cap de la Hague

auch Portbail und Carentan mit einer Wasserstraße zu durchstechen und den Cotentin zu einer Insel zu machen.

Fruits de Mer und frische Brise

Der Fischerort St-Vaast-la-Hougue im Nordosten der Landnase zieht nicht nur Wassersportfreunde an, sondern auch Gourmets. Direkt an der Marktstraße gleicht der Tante-Emma-Laden der Épicerie Gosselin einem Schlaraffenland: Hier gibt es Suppen, Soßen, Pasteten, Marmeladen, Weine, Spirituosen und seltene Spezialitäten, seit 1889 aus aller Welt importiert. Heute stehen Hédiard und Françoise in der vierten Generation im Geschäft. Geradezu ein Muss ist eine Fruits-de-Mer-Platte mit Miesmuscheln (Moules), Wellhornschnecken (Bulots), Strandschnecken (Bigorneau), Jakobsmuscheln (Coquilles St-Jacques), Teppichmuscheln (Palourdes), Venusmuscheln (Praires), Garnelen und einem Krebs oder einem Hummer als Krönung.

Eine Delikatesse für alle

Und natürlich Austern (Huîtres). Sie werden hier in riesigen Austernparks gezüchtet. In diesen durch Gitter geschützten Parzellen in der Gezeitenzone legen die „Ostréiculteurs" ihre Austernlarven in Drahtkästen oder Plastiknetzen rund 50 Zentimeter über dem Meeresboden

aus. Dort wachsen sie heran, werden immer wieder umgesetzt und wandern schließlich zur Schlussmast in ein weniger salzhaltiges, dafür aber planktonreiches Becken, bis sie die gewünschte Größe und Reife erreicht haben. Nach der Ernte werden die Austern in „Bourriches", länglichen Holzkisten, verpackt. Und schon sehnlichst von allen erwartet – in Frankreich gelten Austern nicht als Elite-Speise.

Wie sie geerntet werden, kann man von einem Amphibienfahrzeug aus betrachten, das bei Ebbe hinüber zur Insel Tatihou fährt. Das kleine Eiland ist seit 1992 ein Ökomuseum, in dem Schüler während der Ferien Naturwochen verbringen und im Insellabor untersuchen, was sie gesammelt haben. Nicht Austern, sondern Miesmuscheln werden im malerischen Barfleur säckeweise vom Kutter geladen – und fangfrisch von den Lokalen am Hafen serviert.

Größte Stadt des Cotentin ist Cherbourg, wo sich alles um den Hafen und die Schifffahrt dreht. Geschützt durch

das mächtige Bollwerk in der Grand Rade war Cherbourg eine unsentimentale Zweckgründung. König Ludwig XVI. wollte einen Standort für hochfliegende Seemachtspläne – erst nach fast 80 Jahren Bauzeit konnte Napoleon III. 1858 den Hafen einweihen.

Let's swing unter Sternen

Als die Alliierten am 6. Juni 1944 an den Küsten der Normandie landeten, brachten sie auch die Jazz-Musik mit. Die amerikanischen Streitkräfte ließen mit Fallschirmen Klaviere abwerfen – die Truppen sollten durch die Musik aufgeheitert werden. Der Sound von einst

1944 regnete es Klaviere – so kam der Jazz in die Normandie

lässt heute Countance swingen: Die heimliche Hauptstadt des Cotentin feiert alljährlich im Mai ein einwöchiges Jazzfestival, das zu den bedeutendsten JazzEvents Frankreichs gehört.

Stadt der Pferde

Hauptstadt des Département Manche, das den gesamten Cotentin umfasst, ist St-Lô, das malerisch über der Vire

In St-Vaast-la-Hougue ist das Dorfleben noch vom Schiffbau bestimmt.

Der malerische Fischerort Barfleur an der Nordostspitze des Cotentin wurde als eines der schönsten Dörfer Frankreichs ausgezeichnet.

Die Westküste wird von breiten, oft flach ins Meer auslaufenden Sandstränden gesäumt – hier bei Vauville.

thront. Die Stadt, 1944 durch Bombenangriffe zu 95 Prozent zerstört, lockt Pferdefreunde aus aller Welt: Der von Napoleon angelegte Haras de St-Lô ist das bedeutendste Nationalgestüt Frankreichs. Seit 1806 gilt hier die besondere Pflege dem französischen Reitpferd „Cheval de Selle Français". Es ist als Reit- und Kutschpferd über Frankreichs Grenzen hinaus beliebt. Anglo-arabische Vollblüter, stämmige Percheron-Kaltblüter und Cob-Pferde werden südöstlich im Haras du Pin bei Argentan gezüchtet, dem zweiten normannischen der insgesamt 23 staatlichen Gestüte. Das Lehr- und Pflegepersonal der Nationalgestüte wie auch die Hufschmiede drücken dort im Département Orne an der École Nationale des Haras die Schulbank.

In den Schluchten der Vire

Südlich von St-Lô durchfließt die Vire ausgedehnte Wälder und imposante Schluchten. Entlang der 30 Kilometer langen Route „Gorges de la Vire" treten die Granit- und Schieferplatten des Amorikanischen Massivs an den Hängen der erodierten Täler offen zutage. Das Massiv bildet weiter westlich auch die Höhen der Bretagne.

Herrliche Aussichten auf die Flusslandschaft bieten sich bei Pont Bellanger mit dem Aussichtspunkt Planches d'Avenel und vom 203 Meter hohen Croix

Die ganze Welt lässt sich französische Butter aus Vire schmecken.

Julien. Wenig stromaufwärts säumen Weiden den Flusslauf: Vire ist nicht nur Heimat der „Andouille de Vire", einer deftig geräucherten Wurst aus Schweine-Innereien, sondern als Zentrum der französischen Milchwirtschaft seit 1950 offiziell auch die „französische Hauptstadt der Butter". Unter dem Gütesiegel „Elle et Vire" werden die Molkereiprodukte der örtlichen Genossenschaft weltweit verkauft.

Der Mont St-Michel, Klosterberg und Gottesburg: Hinter seinen mächtigen Mauern (rechts) leben und arbeiten seit 1969 wieder ein Dutzend Benediktinermönche (ganz oben). Mächtig wirkt der Rittersaal aus dem 13. Jahrhundert, der einst Arbeitsraum der Mönche war (oben).

Wie eine Fata Morgana erhebt sich am Ende des Marschlands das christliche Weltwunder des Mont St-Michel.

Bocage

Special

Alte Hecken neu entdeckt

Im Hinterland der Küste schützen auf Wällen angelegte Hecken die Felder, Wiesen und Weiden vor den Widrigkeiten von Wind und Wetter.

Diese „Bocage", jahrhundertelang typisch für die normannische Landschaft, wurden im 20. Jahrhundert im Zuge der Flurbereinigung vielerorts abgeholzt, um große, durchgehend zu bearbeitende Flächen für die Landwirtschaft zu schaffen. Mittlerweile hat ein Umdenken und eine Abkehr von diesem Irrweg eingesetzt. Staatliche Programme unterstützen heute die Renaturierung und Erweiterung der Heckenlandschaft, denn sie hat längst ihren ökonomischen Nutzen bewiesen: Sie schützt die Böden vor Erosion und bietet vielen Tieren Schutz.

Wunder des Abendlandes

Zur Heimat der berühmten „Le Grevin"-Lämmer führt von Vire aus eine „Voie Verte". Die 90 Kilometer lange Route für Wanderer, Reiter und Radfahrer führt auf einer einstigen Bahntrasse mitten durch die Natur zur weiten Bucht des Wahrzeichens der Normandie: des Granitkegels Mont St-Michel, den jährlich fast vier Millionen Touristen besuchen. Dicht an dicht drängen sie durch die engen Einlässe der schon von den Engländern im 100-jährigen Krieg vergeblich bestürmten Festungsmauern, schieben sich durch die viel zu schmal erscheinende Grande Rue, vorbei an Souvenirshops und Restaurants hinauf zum Klosterkomplex.

Am Abend, wenn die Besuchermassen abgereist sind, entfaltet die alte Inselfestung wieder einen unnachahmlichen Charme. Dann werden sie lebendig, die alten Pilgerzeiten, als nur die eigenen Füße den Gläubigen durchs trügerische Watt zur Gottesburg trugen. Weit geht der Blick durch die Kreuzgangbögen oder von der Westterrasse Richtung Sonnenuntergang. Und dann klingen die alten Legenden gar nicht so unwahrscheinlich, wonach der Erzengel Michael dem Bischof Aubert von Avranches den himmlischen Auftrag erteilt hat, eine Kapelle auf dem Berg mitten im Meer zu errichten – im Jahr 708. Nach einem Benediktinerkloster des 10. Jahrhunderts entstanden in den folgenden fünf Jahrhunderten zahlreiche weitere sakrale Gebäude, die heute einen eindrucksvollen, labyrinthartigen Komplex aus massiger Romanik und himmelstürmender Flamboyantgotik bilden.

Unvergleichliche Handschriften

Die wertvollen Manuskripte der Abtei Mont St-Michel werden im „Scriptorial" von Avranches ausgestellt. 1790, während der Französischen Revolution, hatte die Bibliothek der Kleinstadt 14 000 Bücher von unschätzbarem Wert zur Aufbewahrung erhalten. Noch vor kurzer Zeit waren sie auf engstem Raum im Rathaus zu sehen. Das moderne Museum der französischen Buchkunst bringt die Zeugnisse der Mönche nun gebührend zur Geltung. Einmalig war auch die Handschrift eines Mannes, der als Sohn eines Chemiefabrikanten im elegantesten Badeort der Westnormandie geboren wurde: des Modeschöpfers Christian Dior aus Granville. „Ich zeichne Frauen wie Blumen", hat er einmal gesagt – und erfand damit den New Look, den Marlene Dietrich, Grace Kelly und Brigitte Bardot begeistert trugen. Bis heute liebt Granville den Luxus. Sein Kasino brachte ihm den Namen „Monaco des Nordens" ein.

MONT ST-MICHEL

Wieder eine Insel

Silbern bedeckt das Meer die Couesnon-Bucht. Im Dunst erhebt sich, „unglaublich fremd und schön, wie ein Traumpalast" der Mont St-Michel. Was Guy de Maupaussant schwärmen ließ, wurde in einem enormen Renaturierungsprojekt wieder hergestellt: die Insellage des Klosterberges an der Grenze zur Bretagne.

Blick vom Mont St-Michel auf das Wattenmeer: Vom Schlick befreit, wird der Klosterberg nach der Renaturierung an mindestens 150 Tagen im Jahr vom Meer umspült sein.

Der berühmte Glaubensfels, bei Baubeginn noch bretonisch, liegt heute in der Normandie. Schuld daran ist der Grenzfluss Couesnon, der im Laufe der Jahrhunderte seine Mündung verlagerte. Seit 1869 verband ein zwei Kilometer langer Straßendamm die Klosterinsel mit dem Festland – mit fatalen Folgen. Er hielt die Schlickablagerungen des Couesnon in der Bucht. Die Sedimentschicht um die Insel hatte zuletzt eine Höhe von 15 Metern erreicht und den Mont förmlich trocken gelegt. Aus diesem Grund begannen 2005/2006 die Vorbereitungen zur Renaturierung der Bucht. Damals wurden die Kosten für dieses ambitionierte Bauprojekt auf rund 164 Millionen Euro geschätzt – mehr als 200 Millionen Euro hatte es bei der Fertigstellung im März 2015 letztlich verschlungen.

Der Gezeitendamm als Verbindung zwischen Großparkplatz und Klosterberg ist nun einer 760 m langen Passerelle aus Eichenholz gewichen. Sie ruht auf zierlichen Pfählen im Watt und verläuft nicht gerade, sondern schwingt sich erst leicht nach Ost, dann nach West und eröffnet immer neue Ausblicke auf den mythisch anmutenden Mont. Geplant hat sie der österreichische Architekt Dietmar Feichtinger.

Mehr Spülkraft für den Fluss

Das Werk wurde in mehreren Schritten angepackt: Als erstes begannen die Arbeiten am Fluss. An seiner Mündung wurde 2009 „Le Barrage" eingeweiht. Das Stauwerk verstärkt seitdem die Spülkraft des Flusses, was den Abtransport der Sedimente verstärkt. Bereits zehn Jahre nach Ende des Bauprojektes sollen so rund 80 Prozent der Ablagerungen aus der Bucht geschwemmt worden sein. Bis 2042 würde das Meer 50 Hektar seiner ursprünglichen Fläche wiedergewinnen, 42 Hektar grünen Landes würden im Meer versinken und der Berg wieder eine richtige Insel werden.

Wie verlandet die Bucht bereits ist, zeigen dunkle Berge am Ufer – mehr als 1,5 Millionen Kubikmeter Tang wurden bislang mit Baggern rund um die Flussmündung vom Meeresboden

Statt des festen Straßendamms schwingt sich heute vom Festland aus ein Steg aus Eichenholz übers Wasser und endet am Klosterberg.

geräumt und den Bauern als Dünger zur Verfügung gestellt. Die Schleuse mit dem Paradeblick auf den Klosterberg und die umliegende Landschaft gehört schon jetzt zu den Sehenswürdigkeiten der Baie de Mont St-Michel.

Wege zum Klosterberg

Die Fahrt über den Gezeitendamm auf die Insel gehört der Vergangenheit an; sämtliche Fahrzeuge müssen auf dem Großparkplatz auf dem Festland abgestellt werden (PKW pro Tag 12,50 €, Wohnmobile 20,80 €, ab 19 Uhr gratis, Fahrräder ganztägig kostenlos). Vom Großparkplatz starten zwei behindertengerechte Transporte: der Pendelbus Le Passeur, der alle drei bis vier Minuten zum Klosterberg abfährt und ihn nach sechs Minuten erreicht, sowie die Pferde-Großraumkutsche La Maringote, auf der 50 Besucher pro Tour in 15 Minuten wie einst die Pilger gemütlich zum Mont St-Michel reisen. Gezogen werden die Kutschen von Kaltblütern, die zu den typischen Arbeitspferden im Nordwesten Frankreichs gehören: Cobs Normands, Postiers Bretons und Percherons. Der Preis für den Pendelbus ist in der Parkgebühr inbegriffen, die Fahrt mit der Maringote kostet je Strecke 5,30 €. Zu Fuß ist der Mont vom Parkplatz in 45 Minuten zu erreichen. Neu am Parkplatz sind Infocenter und Besucherservice. Aus Paris kommend, halten die Züge am Bahnhof von Pontorson, 9 km von Mont St-Michel entfernt; von dort verkehrt ein Bus (2,80 €).

Besichtigung

. . . .

Das 132 Meter breite Promenadendeck auf der Brückenschleuse an der Couesnon-Mündung ist kostenlos zugänglich. Die aktuellen Zeiten von Ebbe und Flut sind der Website www.projetmontsaintmichel.fr zu entnehmen.

www.bienvenueaumontsaintmichel.com

Am höchsten Tidenhub Europas

Was für ein Unterschied! Der Mont St-Michel kann sich des gewaltigen Besucher-
ansturms kaum erwehren. Auf der Halbinsel Cotentin dagegen geht es meist sehr
ruhig zu. Sie lebt im Rhythmus der Gezeiten, die bei Granville bis 14 m erreichen.

1 Cherbourg-Octeville

Die Hafenstadt (37 000 Einw.) ist heute dritt-
größter Standort von Frankreichs Marine, Fährhafen nach Großbritannien und Umschlagplatz
für Kernkraftabfälle aus La Hague.

SEHENSWERT

Überblick über den **Hafen** bietet der 112 m
hohe Hügel Roule mit der Festung **Fort du
Roule** (19. Jh.). Um das **Bassin du Commerce**
(1831) erstreckt sich die restaurierte Altstadt
des **Quartier des Halles**. Lichtinstallationen
von Yann Kersalé in Meeresfarben illuminieren
die Kais. Im **Parc Émmanuel Liais** (22, rue de
la Bucaille) wachsen dank des Golfstroms seit
über 100 Jahren tropische Pflanzen.

Cherbourg: das Mega-Aquarium Cité de la Mer
(oben), nordwestlich liegt die Baie Ecalgrain
(rechts). Leuchtturm von Barfleur (oben rechts)

Tipp

Sturmsichere Schirme

1963 begeisterte Cathérine Deneuve
als verliebte Geneviève Emery in „Les
parapluies de Cherbourg" die Kinogän-
ger. Die Musikromanze von Jacques
Demy verschaffte der französischen
Diva den Durchbruch. Unter den Zu-
schauern war Jean-Pierre Yvon, der be-
schloss: Cherbourg, eine der regen-
reichsten Städte Frankreichs, sollte
zum Markenzeichen für sturmsichere,
erstklassige Regenschirme werden.
Noch heute wird „Le Véritable Cherbourg" vor Ort hergestellt – von den
handgeformten Stöcken aus Ahornholz
über das eingenähte Wappen bis hin zu
den Stahlverstrebungen.

INFORMATION

Le Véritable Cherbourg/Boutique
Écaille,Banque de France, Quai
Alexandre III, Tel. 02 33 93 66 60
www.parapluiedecherbourg.com

MUSEEN

Im Innern des Fort du Roule erinnert das
Musée de la Libération an 1944 (www.ville-
cherbourg.fr; Di.–Fr. 10.00–12.30, 14.00 bis
18.00, Sa./So. 13.00–18.00 Uhr, 4 €). Wo einst
die Passagiere der Atlantikliner abgefertigt
wurden, präsentiert die **Cité de la Mer** **TOP-
ZIEL** das Atom-U-Boot, „Le Redoutable", das
Aquarium Abyssal und einen Spaziergang auf
dem Meeresboden (Gare Maritime Transatlan-
tique, www.citedela mer. com; Juli/Aug. tgl.
9.30–19.00, sonst tgl. 10.00–18.00 Uhr, 18 €).
Das **Musée d'Art Thomas Henry** (Esplanade
de la Laïcité, www.ville-cherbourg.fr, Di. – Fr.
10.00–12.30, 14.00–18.00, Sa./So. 13.00–18.00
Uhr, 5 €) birgt eine herausragende Sammlung
von Meisterwerken des 15.–19. Jh.: Freuen Sie
sich auf Frau Angelico, Jean-François Millet,
Camille Claudel, Chardin und David!

AKTIVITÄTEN

Station Nautique mit Fahrradverleih und 15
anderen Aktivitäten (rue du Diablotin, Tel.
02 33 78 19 29). **Sandstrand** „Plage Napoléon".

RESTAURANT/UNTERKUNFT

Regionale Küche: Kaldaunenwurst serviert das
€ € / € € € **Café de Paris** (40, quai de Caligny,
Tel. 02 33 43 12 36, www.restaurantcafedeparis.
com). € € / € € € **La Régence** bietet komforta-
bel Kost und Logis (42, quai de Caligny, Tel.
02 33 43 05 16, www.laregence.com, 21 Z.).

UMGEBUNG

Auf der **Halbinsel La Hague** wechseln malerische Granitdörfer mit einsamen Heideflächen;
mächtige Kaps schützen idyllische Buchten vor
dem Meer, während in Frankreichs kleinstem
Hafen, **Port-Racine**, die Fischer Hummer an
Land holen. Großartig sind die Fernsicht vom
Cap Joburg und der Garten von Jacques Pré-
vèrt in **St-Germain-des-Veaux**. Ein Fremdkör-
per bleibt die Nuklearanlage bei Beaumont.

OFFICE DE TOURISME

2, quai Alexandre III, 50100 Cher-
bourg- Octeville, Tel. 02 33 93 52 02
www.cherbourgtourisme.com

❷ Barfleur

Der ursprüngliche Fischereihafen (640 Einw.) gehört zu den schönsten Dörfern Frankreichs.

SEHENSWERT
Noch immer legt nach dem Fang der Miesmuschel „Blonde de Barfleur" eine kleine Fischereiflotte im Hafen an. Ein Kleinod ist der **Cours St-Cathérine**: Hinter einem Torbogen öffnet sich ein Innenhof mit Häusern des 16./17. Jh.

AKTIVITÄTEN
Tauchgänge mit dem Club de Plongée (Tel. 02 44 54 79 08). Zahlreiche **Sandstrände** in kleinen Buchten.

RESTAURANT
Die besten „Moules à la Normandes", Miesmuscheln mit Crème fraîche und Cidre, gibt es günstig am Hafen im € / € € **Café de France** (12, quai Henri Chardon, Tel. 02 33 54 00 38).

UNTERKUNFT
Eine steinerne Wendeltreppe führt zu den Zimmern des € € **Le Conquérant** (18, rue St-Thomas Becket, Tel. 02 33 54 00 82, www.hotel-le conquerant.com, 9 Z.).

UMGEBUNG
Weiter nördl. wurde 1829–1834 der **Phare de Gatteville** errichtet, mit 75 m zweithöchster Leuchtturm Frankreichs; fantastische Fernsicht (www.phare-de-gatteville.fr, April–Sept. tgl. 10.00–12.00, 14.00–19.00, sonst bis 16.00 Uhr, Eintritt 3 €). Der beliebte Badeort **St-Vaast-la-Hougue** ist für seine Austernbänke berühmt. Die 150 Vogelarten der unbewohnten **Île de Tatihou** lassen sich auf geführten Wanderungen entdecken. „Normannisches Versailles" wurde die Kleinstadt **Valognes** einst genannt – wegen der prachtvollen Palais, die der örtliche Adel und reich gewordene Tuchmacher, Färber und Gerber errichtet hatten. Nur wenige Stadtresidenzen entgingen dem Bombenhagel des Zweiten Weltkriegs, etwa das Hôtel de Beaumont (18. Jh.; rue du Versailles Normand, www.hoteldebeaumont.fr; Juli–15. Sept. tgl. 10.30–12.00, 14.30–18.30 Uhr, So. vorm. geschl., 8 €) und Hôtel de Grandval-Caligny (32, rue des Religieuses; April–Okt. Mo.–Sa. 10.00 bis 12.00, 14.30–18.00 Uhr, 4 €).

OFFICE DE TOURISME
2, Rond Point Guillaume le Conquérant 50760 Barfleur, Tel. 02 33 54 02 48 www.barfleur.fr

❸ Ste-Mère-Église

Die Fallschirmspringerpuppe am Glockenturm der Dorfkirche erinnert an John Steele vom 505. US-Parachute Infantry Regiment, das den Ort (1600 Einw.) am 6. Juni 1944 befreite.

MUSEEN
Über die Unterstützung der US-Luftwaffe informiert das jüngst umfangreich erweiterte

Hafen von Granville (oben). St-Lô: Nach der kompletten Zerstörung der Stadt 1944 wurde nur die Kathedrale restauriert (rechts).

Musée Airborne (14, rue Eisenhower, www. airborne-museum.org; April– Nov. tgl. 9.00 bis 19.00, April, Sept. 9.30–18.30, Okt.–März 10.00 bis 18.00 Uhr, 8,50 €). Bäuerliches Erbe bewahrt das **Ferme-Musée du Cotentin** in einem Gutshof aus dem 16. Jh. mit alten Haustierrassen (chemin de Beauvais, www.musees-basse-normandie.fr; tgl. Juli und Aug. 11.00 bis 19.00, Juni, Sept. bis 18.00 Uhr, 4,50 €).

RESTAURANT
Mit herzhaften Galettes stillt die € **Crêperie du Feu Ardent** günstig den Hunger (31, rue du Général de Gaulle, Tel. 02 33 41 36 63).

UMGEBUNG
Die alte Bischofsstadt **Carentan** (südl.) mit der Kathedrale Notre-Dame ist ein guter Ausgangspunkt, um das 1450 km² große Moorgebiet des **Parc National Régional des Marais du Cotentin et du Bessin** (www.parc-cotentin-bes sin.fr) zu entdecken. Leihboote gibt es bei Ponts d'Ouve, wo auch ein 5,5 km langer Naturpfad durch das Vogelschutzgebiet beginnt.

OFFICE DE TOURISME
6, rue Eisenhower, 50480 Sainte Mère Église Tel. 02 33 21 00 33, www.ot-baieducotentin.fr

❹ St-Lô

Die Hauptstadt (19 400 Einw.) der Manche erschuf sich nach ihrer Zerstörung 1944 modern neu; einzig die Ringmauer und die Kirche wurden originalgetreu restauriert.

SEHENSWERT
1806 ließ Napoleon im Osten der Stadt den **Haras National** anlegen; seine Vollbluthengste werden von Pflegern in historischen Uniformen vorgestellt (ave. du Maréchal Juin, www.ifce.fr/ haras-nationaux/nos-sites/haras-national-de-saint-lo; Mo.–Fr. 8.30–12.00 und 14.00–17.30, Führungen 14.30, 15.30 und 16.30 Uhr; 6 €). Jährlich im August findet die **Normandie Horse Show** statt. Vom Turm der **Stadtbefestigung** bieten sich weite Ausblicke auf das Tal der Vire.

OFFICE DE TOURISME
Plage Verte 60, rue de la Poterne 50008 Saint-Lô, Tel. 02 14 29 00 17 www.ot-saintloagglo.fr

❺ Coutances

Die alte Hauptstadt (9890 Einw.) des Cotentin klingt seit 1980 im Mai beim Jazz sous les Pommiers (www.jazzsouslespommiers.com).

SEHENSWERT
An die glorreiche Zeit erinnert die **Cathédrale** (tgl. 9.00–19.00 Uhr). Höhepunkt ist die Laterne der Vierung. Der **Jardin des Plantes** (1852 bis 1855) gehört zu den ältesten der Normandie und wird im Juli und August allabendlich zu Musik illuminiert (2, rue Quesnel Morinière; nur im Sommer 9.00–23.00 Uhr).

RESTAURANT
Das € **Le Relais du Viaduc** (25 avenue de Verdun, Tel. 02 33 45 02 68, www.relais-du-viaduc. com) führt normannische Traditionsküche.

UMGEBUNG
Die Westküste des Cotentin säumen lange Sandstrände. Größter Badeort ist **Barneville-le-Carteret** (50 km nördl.). Die frühgotische Abtei von **Hambye** (20 km südöstl.; 12. Jh.) im Tal der Sienne beeindruckt auch als Ruine.

OFFICE DE TOURISME
place Georges Leclerc, 50200 Coutances Tel. 02 33 19 08 10 www.tourisme-coutances.fr

❻ Granville

Mit Bahnverbindung nach Paris, Jachthafen, Kasino und fast 20 km Badestränden rühmt sich das Seebad (13 000 Einw.) als Monte Carlo des Nordens.

SEHENSWERT
Eine Ringmauer schützt seit 1440 die Altstadt **Haute Ville** auf einem Felssporn, die großartige Ausblicke über Stadt, Hafen und Strände bis zu den Îles Chausey bietet. In der **Villa Les Rhumbs** (19. Jh.) verbrachte Christian Dior (1905–1957) seine Jugend – ein Museum erin-

nert an den Modeschöpfer (www. musee-dior-granville.com; Mitte Mai–Sept. tgl. 10.00–18.30 Uhr, Eintritt 8 €).

AKTIVITÄTEN
Bootsausflüge auf der 18-m-Bisquine „La Granvillaise", einem historischen Fischereisegler (Association des Vieux Gréements Granvillais, www.lagranvillaise.org, ab 45 €).

RESTAURANT/UNTERKUNFT
Meeresküche bietet € € / € € € **La Citadelle** (34, rue du Port, Tel. 02 33 50 34 10, www. restaurant-la-citadelle.fr). Hinter normannischem Fachwerk birgt das € € **Hôtel des Bains** elegante Zimmer (19, rue Clémenceau, Tel. 02 33 50 17 31, www.hoteldesbains-gran ville.com, 54 Z.).

OFFICE DE TOURISME
4, cours Jonville
BP 621, 50406 Granville cedex
Tel. 02 33 91 30 03
www.tourisme-granville-terre-mer.com

❼ Mont St-Michel

TOPZIEL Rund drei Mio. Besucher bestaunen jährlich das UNESCO-Welterbe, das schon Kultort vorchristlicher keltischer Druiden war. 2016 startete die Tour de France am 2. Juli erstmals vom Klosterberg.

SEHENSWERT
Anfahrt s. DuMont Thema S. 96/97. Hinter der Porte de l'Avancée (14. Jh.) drängen sich Souvenirshops, Cafés und Lokale in den Fackwerkhäusern der Grande Rue hinauf zur **Pfarrkirche St-Pierre** (11. Jh.). An der Terrace de l'Ouest beginnen die Führungen durch den Klosterkomplex, dessen Wurzeln auf eine Kapelle von 709 zurückgehen. 1022–1135 wurde die **Abteikirche** errichtet (Mai–Aug. tgl. 9.00 bis 19.00 Uhr, sonst 9.30–18.00 Uhr, www.abbaye-mont-saint-michel.fr, 10 €). 1208–1288 folgten die **Klostergebäude** und der **Kreuzgang.** Im Salle des Hôtes empfing der Abt seine Gäste. Schöne Ausblicke von den Abteigärten und Wehrmauern (13.–15. Jh.).

MUSEEN
Im **Logis Tiphaine** wird die Wohnkultur des 14.Jh.s lebendig. Das **Archéoscope** präsentiert multimedial den Bau des Klosterbergs, das **Musée Grévin** dessen Geschichte und das **Musée Maritime** das fragile Ökosystem der Bucht (alle Febr.–Mitte Nov. tgl. 9.00–18.00 Uhr, Museumspass 18 €).

RESTAURANT/UNTERKUNFT
In einem Fachwerkhaus bietet die € € € **Auberge St-Pierre** gute Küche und 21 kleine, komfortable Zimmer (Grande Rue, Tel. 02 33 60 14 03, www.auberge-saint-pierre.fr).

OFFICE DE TOURISME
50170 Mont St-Michel, Tel. 02 33 60 14 30
www.ot-montsaintmichel.com

Genießen   Erleben   Erfahren

Pêche à Pied

DuMont
Aktiv

Das „Fischen zu Fuß" gehört zu den beliebtesten Freizeitvergnügen von Einheimischen und Gästen: In gebückter Haltung suchen bei Ebbe ganze Familien mit Eimer, Schaufel und kleinen Harken den Meeresboden nach Krusten- und Schalentieren ab – Austern, Miesmuscheln, Jakobsmuscheln. Machen Sie mit!

In der Normandie ist die archaische Essensuche im Watt Nationalsport. Besonders bei Neumond im Frühjahr und Vollmond im Herbst, wenn die Grandes Marées mit Tidenhüben von mehr als 13 Metern bei Ebbe einen reich gedeckten Tisch auf dem Meeresboden hinterlassen hat, gibt es für die Normannen kein Halten mehr. In alter Kleidung, hohen Gummistiefeln oder alten Sportschuhen an den Füßen, bewaffnet mit Eimer, Hacke und Messer, ziehen sie hinaus in die Weite des Watts.

Eine kräftige Brise lässt das Wasser in den Prielen aufwogen. Wie Spaghetti aus Sand ringeln sich die Ausscheidungen des Wattwurms auf dem Sand. Inmitten dieser Wildnis voller Wunder leben Austern, Herzmuscheln, Strandschnecken und Taschenkrebse. Doch – vergessen Sie bei allem Sammeleifer nicht die Grundregeln der Fußfischerei: Gesammelt werden darf nur für den persönlichen Bedarf, zum Schutz der Jungtiere gelten Mindestgrößen. Entsprechende Schablonen gibt es bei den Office de Tourisme. Bitte beachten Sie auch die Gezeiten und kehren Sie rechtzeitig an Land zurück.

Weitere Informationen

In den meisten Regionen der Normandie ist das „Fischen zu Fuß" ganzjährig möglich; verboten ist es im Bereich der Seine-Mündung. Über Schutzzeiten, Mengen und Größen, die beim Sammeln von Meeresfrüchten zwingend zu beachten sind, informieren die Office de Tourisme vor Ort. Wer lieber mit dem Führer loszieht, schließt sich Jean-Marc Ledot an: 14520 Port-en-Bessin, Tel. 02 31 21 48 53 http://bass-normandie.com

In der Normandie ist die Essenssuche im Watt so etwas wie ein Nationalsport. Bei Ebbe ziehen die Jäger und Sammler in der Hoffnung auf reiche Beute mit Messer und Eimer los.

Schluchten und Spitzen

Fern vom Meer zeigt die Normandie ein hügeliges und auch ärmeres Gesicht: Steile Felswände säumen den Flusslauf der Orne, die sich südlich von Caen durch die „Normannische Schweiz" windet, hervorspringende Felsen und Überhänge prägen die Schluchten der Vire. Aus den Hügelketten der Perche stammt der über Frankreichs Grenzen hinaus bekannte Kaltblüter „Percheron". Weltweit gefragt ist bis heute auch eine Traditionskunst der Normandie: Nadelspitzen aus Argentan und Alençon.

Das Orne-Tal ist ein Wanderparadies mit oft herrlichen Ausblicken.

Weit schweift der Blick vom Croix de la Faverie über das Orne-Tal.

Überall in der Normandie herrscht eine große Vorliebe für die Rose.

Rustikal wirken die Bauten von Clécy, dem Zentrum der Normannischen Schweiz.

Bei Clécy überquert die Eisenbahn auf diesem Viadukt das tief eingeschnittene Tal der Orne.

As uralte Formation zieht sich der Amorikanische Gebirgsstock quer durch Nordfrankreich. Das Flusssystem der Orne hat in seinen östlichen Ausläufern eine kontrastreiche eigene Region geschaffen: die „Suisse Normande". Vereinzelte abgerundete Gipfel und tiefe Täler verleihen der Normannischen Schweiz Mittelgebirgscharakter. Die Orne durchzieht sie in weiten Mäandern, deren Prallhänge bis zu 200 Meter hohe Felswände bilden.

Muskelkater garantiert

Zu den schönsten Wanderzielen in der Normannischen Schweiz gehört La Brèche au Diable: Am Fuß des Mont Joly führt eine gut zweistündige Wanderung durch ein tiefes, romantisches Tal, in dem ein Wildbach rauscht. Am Pain du Sucre und dem Rocher de la Houle haben Kletterfreunde ihre Haken in den Fels geschlagen. Und wer mit dem Fahrrad unterwegs ist, der stellt rasch fest, dass die Heimat des 1987 verstorbenen fünffachen Tour-de-France-Siegers Jacques Anquetil längst nicht so flach ist, wie man landläufig meint. Als Dorado der Mountain-Biker gilt der Roche d'Oëtre. Der Felsen, der dem Schriftsteller Barbey d'Aurevilly 1874 als Kulisse für eine Episode in seinem Roman „Die Teuflischen" diente, überragt 118 Meter

hoch den Fluss Rouvre. Heideland und Wälder, trockene Berghänge und torfige Wiesen machen diese Landschaft zu einer der ungewöhnlichsten der Normandie. Aufgrund der einzigartigen Flora und Fauna wurde das Gebiet in die Liste der EU-Schutzzonen „Natura 2000" aufgenommen.

Jungbrunnen im Wald

Südwestlich von Argentan beginnt der Parc Naturél Régional Normandie-Maine, ein 2350 Quadratkilometer großes, waldreiches Gebiet. Aus seinem dichten Grün erhebt sich der Kurort Bagnoles-de-l'Orne mit seinen radioaktiven

oder bei Theatervorführungen zeigt man gerne, wer man ist – und was man hat.

Heimat des goldenen Pferds

Hart und von Armut geprägt war Jahrhunderte lang das Leben im Perche. Nur der alte römische Name „Sylva Pertica" lässt heute noch erahnen, welch große Wälder einst die bis zu 300 Meter hohen Hügelkämme bedeckten, die heute von einer Bocage-Heckenlandschaft überzogen werden. Wo keine Schafe weideten, wurden die schweren Böden noch bis in die 1960er-Jahre mit kräftigen Kaltblütern bearbeitet, den „Percheron". Wenngleich es ihre massige Statur

Ein Top-Ziel für Mountainbiker, Wanderer und Kletterfreunde

Thermalquellen, die bei Kreislauferkrankungen und Rheumaleiden helfen und überhaupt seit Jahrhunderten als Jungbrunnen gelten. So erhofften sich bereits Madame Pompadour, Otto von Bismarck und Winston Churchill Linderung ihrer altersbedingten Gebrechen. Und wie es sich für einen Kurort gehört, ist das gesellschaftliche Leben fast wichtiger als die Anwendungen. Im Kasino, beim Golf

kaum vermuten lässt, so tragen sie doch Araberblut in sich. Im Jahr 732 kämpften die Sarazenen mit diesen Pferden in der Schlacht von Poitiers gegen die fränkischen Ritter, die nach dem Sieg über die Mauren die arabischen Rösser mit heimischen Rassen kreuzten. Und das erfolgreich: Mehr als 7500 Tiere wurden allein in die USA exportiert. Heute besinnt sich auch Frankreich wieder auf

Im gemütlichen St-Céneri-de-Gérei am Flüsschen Sarthe …

… stoppen Sportler gern für eine kleine Rast.

Das Wasserschloss Château d'Ô in Mortrée bei Sées erhielt seine heutige Gestalt im 15./16. Jahrhundert (Besichtigung nur von außen).

das Arbeitspferd – in Trouville-sur-Mer transportieren Percherons den Müll ab. Legendär ist die enorme Kraft der Kaltblüter. Selbst eine Göttin konnte einst das Pferd nicht bändigen. Zur Strafe verwandelte sie das Tier in eine Statue und verbannte es. Als goldenes Pferd galoppiert es bis heute über den Himmel von Nogent, der alten Hauptstadt der Grafschaft Perche.

Kunsthandwerkliche Kostbarkeiten

Bekannt ist die ganze Normandie für ihr Kunsthandwerk. Meist nur noch in Antiquitätenläden zu finden sind die berühmten Fayencen aus Rouen, die ab dem 16. Jahrhundert mit blauem Muster auf weißem Grund – und umgekehrt – gefertigt wurden. Billige Importware aus England machte ihnen im 18. Jahrhundert den Garaus. Hochwertige Töpferwaren werden hingegen immer noch hergestellt, besonders im Cotentin, wo das Steingut braun lasiert wird. In Villedieu-le-Poêles werden seit dem 17. Jahrhundert Krüge und Vasen aus Kupfer getrieben. Genauso edel, aber geradezu monströs ist ein Traditionsmöbel, das zum Spitznamen von Curd Jürgens (1915–1982) wurde. Als er 1956 mit Brigitte Bardot „Und immer lockt das Weib" drehte, verglich die Französin den

Brigitte Bardot erfand das Bild vom „Normannischen Kleiderschrank"

deutschen Schauspieler neckisch mit einem „normannischen Kleiderschrank" – so stattlich sei seine Erscheinung. Gefertigt wurde das imposante Möbelstück aus dunklem Holz vom 13. Jahrhundert an für die Aussteuer der Ehefrau. Um die Brautleute auf baldigen Nachwuchs einzustimmen, wurde der Schrank üppigst mit sinnbildlichen Kunstwerken verziert – mit Putten, Engeln, Ähren und schnäbelnden Vögeln.

Alençon ist für die Herstellung von Spitzen berühmt. Eine ganz andere Art von Kunst zeigt die runde Kornhalle „Halle de Blé", die als Kulturzentrum auch Kunstausstellungen präsentiert.

Alençons Kirche Notre-Dame ist ein Stück steingewordene Spitze.

Spitzen-Handwerk

Sie sind die zartesten Souvenirs aus der Normandie: handgefertigte Spitzen aus Alençon, Argentan und Bayeux. Doch die Produktion ist zu aufwendig und zu teuer, um noch lukrativ zu sein. Deshalb werden die duftigen Spitzengewebe nur noch für Verzierungen fabriziert – als spitzengesäumte Taschentücher, Servietten oder Tischdecken. Bereits 1655 gründete Colbert, ein Berater König Ludwigs XIV., in Alençon eine „Königliche Stickereimanufaktur". Geschützt durch das Monopol eroberte die Nadelspitze aus Alençon erst Versailles, dann die europäischen Höfe. Und seit 2010 gehört die Nadelstickerei von Alençon sogar zum UNESCO-Welterbe der immateriellen Kulturgüter.

Ihre größte Konkurrentin wurde nur 50 Kilometer weiter nördlich gefertigt: die Nadelspitze „Point d'Argentan". Einige Nonnen in der Benediktinerabtei praktizieren noch heute die Kunst der Spitzenherstellung und öffnen ihre Türen für einen kurzen Besuch. Behutsam legen sie das auf farbigem Papier vorgestochene Muster auf Leinwandstreifen oder Wachstuch und nähen es vor. Die so entstandene Unterlage bildet den Stickboden. Mit einem Schling- oder Knopflochstich werden die Muster mit nur einem einzigen extrem dünnen Faden auf immer neue Weise ausgenäht

Die zartesten Souvenirs: handgefertigte Spitzen

oder verbunden. So entstehen Zierstiche, Maschengründe und Stege. Ist die Arbeit vollendet, wird die Unterlage entfernt und die Nadelspitze gespannt.

Altes Handwerk erleben

Nicht mit Nadeln, sondern Klöppeln wurde in den Dörfern des Bessin Spitze gefertigt – um 1830 stellten mehr als 20 000 Heimarbeiterinnen die filigra-nen Stücke her. Das historische Erbe der Spitzenklöpplerinnen bewahrt heute das „Conservatoire de la Dentelle" in Bayeux. Bei Besichtigungen der Werkstatt lässt sich das alte Handwerk live erleben; auf Ausstellungen werden die schönsten Stücke gezeigt, im Shop handgearbeitete Spitzen verkauft. Sämtliche Techniken der Spitzenherstellung lassen sich entlang der „Route des Dentelles Normandes" entdecken. Unterwegs halten sieben Städte mit Werkstätten und Museen die Tradition der Spitzenherstellung lebendig und erläutern regionale Unterschiede: In Alençon und Argentan werden die Nadelspitzen aus feinem Leinen gefertigt. Die Klöppelspitze von Bayeux entsteht aus schwarzer Seide.

Die schönsten Festivals und Events

So feiert die Normandie

Das ganze Jahr hindurch ist der Veranstaltungskalender der Normandie prall gefüllt. Auf Musik, Theater und Tanz folgen Straßenfeste und bunte Märkte, Mittelaltertage und maritime Feste.

1 Karneval in Granville

Mitte Februar feiert die alte Hafen- und Seeräuberstadt fünf Tage lang ausgelassen einen Straßenkarneval – mit 120 000 Besuchern, Konzerten, Bällen, Umzug, Konfettischlacht und Verbrennung des Karnevalskönigs im Hafen zählt er zu den größten und buntesten Veranstaltungen dieser Art im Westen Frankreichs.

Granville, www.carnaval-de-granville.fr

2 Festival de la Tulipe

Im April erblühen rund 30 000 Tulpen aus mehr als 100 Arten, die den Schlosspark von Vendeuvre in ein Blumen- und Farbenmeer verwandeln. Narzissen, Osterglocken und Hyazinthen setzen darin leuchtende Akzente.

Musée et Jardins du Château de Vendeuvre, 9 rue du Château, 14170 Vendeuvre, April, tgl. 14.00 – 18.00 Uhr, www.vendeuvre.com

3 Jazz sous les Pommiers

Coutances ist ein verschlafenes Städtchen – doch zu Himmelfahrt der Hotspot der internationalen Jazzszene: Beim Jazzfestival musizieren fünf Tage lang amerikanische und europäische Stars zusammen mit Newcomern in Sälen, Kirchen, in Zelten, auf Straßen und Plätzen und bringen die Stimmung zum Kochen.

www.jazzsouslespommiers.com, Erw. 5–25 €

4 Pierres en Lumières

Seit 2008 verzaubert im Mai das Festival „Pierre et Lumières" die schönsten Bauwerke der Basse Normandie mit einer Lichterschau. Mehr als 200 Gebäude – Kirchen, Museen, Landsitze, selbst ganze Dörfer – erstrahlen dabei in völlig neuem Licht. Ausstellungen, Konzerte, Fackelführungen machen die farbenfrohe Inszenierung von Architektur zu einem Erlebnis, das in Frankreich einzigartig ist.

www.pierresenlumieres.fr 21.00–1.00 Uhr

5 Rencontre des Peintres

Als eines der schönes Dörfer Frankreichs begeistert das romantische Örtchen Saint-Céneri-le-Gérei im Tal der Sarthe seit Jahrhunderten Künstler wie Camille Corot, Gustave Courbet und Léon Cogniet. An diese Tradition knüpft zu Pfingsten alljährlich das Festival „Rencontre des Peintres" an, das das Dorf in eine Kunstgalerie unter freiem Himmel verwandelt. Mit dabei ist stets auch der Künstler, der ein Jahr lang als Gast im Dorf lebt und arbeitet – 2015 war es der bretonische Plastiker Mich Mao.

Saint-Céneri-le-Gérei, www.amisdesaintceneri.com

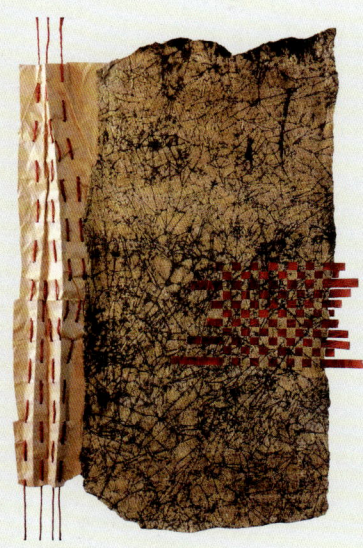

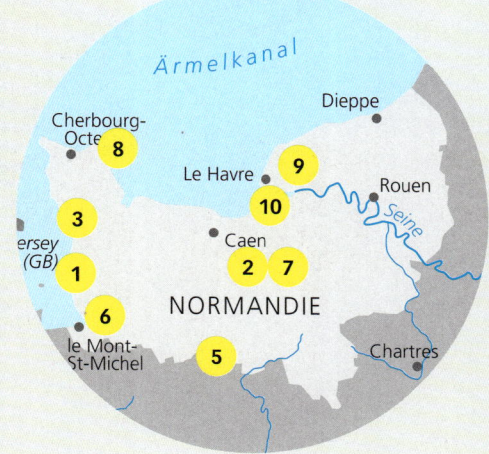

6 Promenade Nocturne

Im Sommer verwandelt sich die Abtei des Mont St-Michel nach Einbruch der Dunkelheit bis Mitternacht in einen Kunstraum, in dem Solisten an Cello und Harfe, Videoinstallationen und Lichtspiele die Klosterräume faszinierend in Szene setzen. Eindrücke, die im Gedächtnis bleiben – wie der nächtliche Blick von der Terrasse auf die Bucht.

11. Juli–24. August, Mo. bis Sa. 19.00–24.00, letzter Einlass 23.00 Uhr, kostenloses Parken auf dem Großparkplatz von 19.00 bis 2.00 Uhr/Shuttlebus Eintritt 10 €
www.abbaye-mont-saint-michel.fr

7 Fête de la Chasse

Seit 2015 ist das Staatsgestüt „Haras du Pin" Gastgeber der „Fête de la Chasse et de la Pêche". Zum paneuropäischen Jagdfest gehört neben der traditionellen St.-Hubertus-Messe und Schießwettbewerben auch die europäische Meisterschaft im Jagdhornblasen mit mehr als 5000 Musikern, die als Solokünstler, in Duos und Trios ihren Meister suchen. Im Hüttendorf lassen sich Handwerk und Haustierhaltung, Kunst und Kulinarik der Normandie entdecken.

Haras du Pin, 61310 Le Pin-au-Haras, Tel. 02 33 36 68 68
www.fetedelachasse.fr
Tagespass 9 €
Zweitagespass 14 €

8 Les Traversées Tatihou

Packen Sie die Gummistiefel ein! Denn vor dem Musikgenuss steht eine Wanderung: 30 Minuten lang marschieren Sie durchs Watt – nur so können Sie nach Tatihou kommen, wo Kino und Konzerte locken – vom argentischen Akkordeon-Virtuosen Chango Spasiku bis zur istrischen Folk-Combo Veja. Ein Festivaldorf in Saint-Vaast-la-Hougue mit Beiprogramm runden das Festival ab.

Mitte–Ende August
Konzerttickets 9–45 €
Info-Tel. 02 33 05 98 41
www.tatihou.com

9 Fête de l'Hareng

In der Normandie ist ein Silberling der „poisson roi", der Königsfisch: In Schwärmen mit vielen Tausend Tonnen Fisch zieht der Hering an den Küsten vorbei, wo er ein Klassiker der Küche ist. Bei den Heringsfesten, die im Oktober und November gefeiert werden, wird er an Marktständen in vielen Variationen serviert: gegrillt, geräuchert, mariniert, als Kipper oder auch als Filet.

Heringsfeste feiern:
Dieppe, Le Treport, Etretat, Fécamp, Saint-Valéry-en-Caux und Lieurey

10 Noël au Havre

Kunterbunt und äußerst poppig schmücken sich die Städte der Normandie in der Adventszeit. Geradezu märchenhaft ist die Verwandlung von Le Havre, das gleich mehrere Weihnachtsmärkte aufstellt, Fontänen rosa sprudeln lässt und das lila leuchtende Rathaus mit Père Noël teilt, der dort sein Reich einrichtet – mit einer Märchenausstellung in XXL, Weihnachtsmannsprechstunde und prall gefülltem Veranstaltungsprogramm.

1. Dez.–6. Jan., https://marchedenoellehavre.com, www.lehavretourisme.com

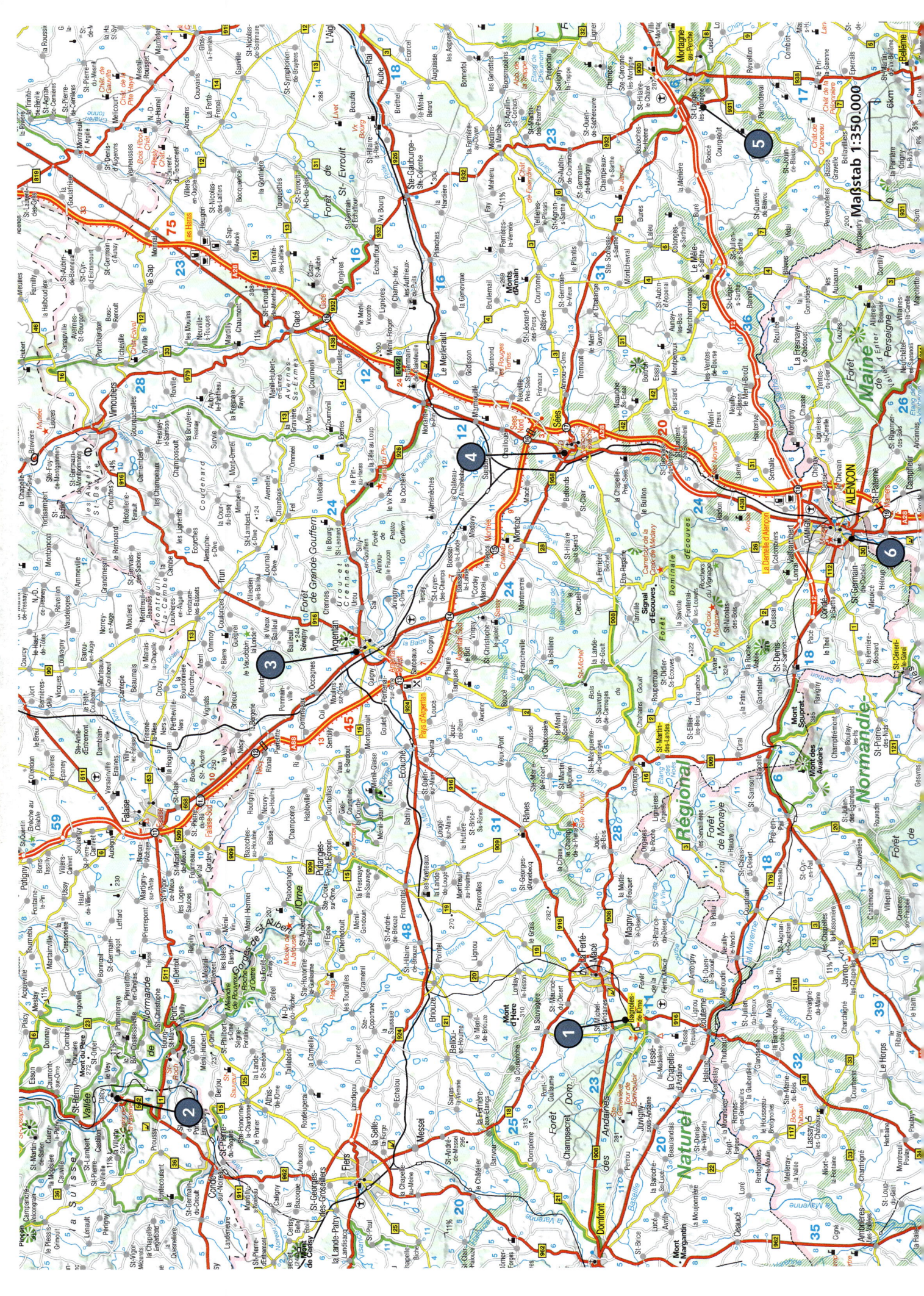

Im unbekannten Hinterland

Das Orne-Tal ist eine beliebte Familienferienregion der Franzosen: eine deutschen Urlaubern – noch – wenig bekannte Bergidylle mit Flusswindungen, Felsen, Fachwerkstädtchen, Hügeln voller Ginster, Stauseen und zahlreichen Picknickplätzen an Aussichtspunkten und Wanderzielen.

❶ Bagnoles-de-l'Orne

Mitten im Wald schmiegt sich der Badeort aus der Belle-Époque (2500 Einw.) an zwei Seen. Seine Thermalquelle ist bis heute Lebensader des Ortes, das Wasser gilt als Wundermittel gegen Venenleiden. Heute ergänzen ein Golfplatz (9 Loch, Tel. 02 33 37 81 42), der Bäderkomplex und zeitgeistige Wellnessbehandlungen das Freizeitangebot.

SEHENSWERT

Albert Christophle legte 1886 die Regeln der **Bäderarchitektur** von Bagnoles fest. Nur normannische Materialien durften Verwendung finden. Leuchtend weiß im Stil des Art déco entstanden um 1930 die Pfarrkirche **St-Jean Baptiste** und das **Kasino**.

RESTAURANT/UNTERKUNFT

Küchenchef Franck Quinton vom € € € **Manoir du Lys** verrät bei Kochkursen auch die Geheimnisse seiner Sterneküche (La Croix Gautier, route de Juvigny, Tel. 02 33 37 80 69, www.manoir-du-lys.fr).

Weitgehend original: Château Carrouges (oben). Wasserfälle bei Domfront (o. r.). Heilwasser bietet Bagnoles-de-l'Orne (rechts).

In der Nähe der Thermen liegt das € € / € € € **Le Nouvel Hôtel** (8, ave. Dr. Pierre Noal, Tel. 03 33 07 500, www.lenouvelhotel.fr, 30 Z.).

UMGEBUNG

La Ferté-Macé (nördl.) ist für seine Kutteln berühmt – die „Tripes mode fertoise" gibt es auf dem Wochenmarkt (Do.). Das mittelalterliche Städtchen **Domfront** (23 km westl.) thront über dem Tal der Varenne. Die Festung wurde 1608 von König Heinrich IV. geschleift. Stehen blieben 13 der 24 Türme und der 25 m hohe Bergfried. 1926 wurde die Église St-Julien geweiht; der kuriose byzantinische Bau prunkt mit opulent goldenen Fresken. Rund um Domfront wird Birnen-Cidre gekeltert. Zur Betriebsbesichtigung mit Verkostung und Verkauf lädt der Comte Louis de Lauriston in seinen Chais du Verger Normand (rue du Mont St-Michel; www.calvados-lauriston.com, Mo.–Fr. 9.00 bis 12.00, 14.00–18.00, Sa. 9.30–12.00 Uhr). Wassergräben umgeben **Château Carrouges** (22 km östl., www.chateau-carrouges.fr, Jan.

bis April , Sept.–Dez. tgl. 10.00–12.30, 14.00 bis 17.00, Mai–Aug. tgl. 10.00–12.45, 14.00–18.00 Uhr, 6 €).

OFFICE DE TOURISME

place du Marché
BP 32, 61140 Bagnoles- de-l'Orne
Tel. 02 33 37 85 66
www.bagnolesdelorne.com

❷ Clécy

Mit seinen engen Gassen und Häusern aus Stein und Kalk erinnert die „Hauptstadt" der Normannischen Schweiz (1300 Einw.) eher an ein Bergdorf.

SEHENSWERT

Zu den besterhaltenen Burgen der Normandie gehört das **Château d'Harcourt** (13 km

Tipp

Route Suisse Normande

Mal folgt die Straße der plätschernden Orne, dann wieder leitet sie durch dunkle Schluchten oder führt an felsigen Überhängen vorbei: Die Touristenstraße durch die Normannische Schweiz präsentiert auf 65 km die Vielfalt der Landschaft um Clécy. In St-Omer beginnt die aussichtsreiche „Route des Crêtes" mit Panoramablicken über das hügelige Relief, aus denen die Gipfel des Pain du Sucre und der Rochers des Parcs herausragen.

INFORMATION

www.suisse-normande.com

nördl.; www.harcourt-normandie.fr, März bis 15. Juni, 15. Sept.–15. Nov. Mi.–Mo. 14.00 bis 18.00, 16. Juni–14. Sept. tgl. 10.30–18.30 Uhr; 4 €) mit seinem Arboretum. Herrliche Aussichten auf das Ornetal eröffnen sich vom **Croix de la Faverie** südl. Clécy.

MUSEEN

Mehr als 100 Werke des Impressionisten zeigt das **Musée Hardy** (pl. du Tripot; Mai–Sept. Di. bis Sa. 10.00–12.30, 14.30–18.30, So. nur nachm., 2,30 €). Die Modelleisenbahn des **Musée du Chemin de Fer Miniature** gehört zu den großen Europas (Les Fours à Chaux, www.chemin-fer-miniature-clecy.com, Juli/ Aug. tgl. 10.30–19.00, April– Mitte Sept. tgl. 10.00–12.00, 14.00–18.00, Mitte Sept.–Okt. Di. bis So. 14.00–17.30 Uhr, 8,50 €).

AKTIVITÄTEN

Von Pont Erambourg kann man in den **Draisinen** von „Vélorail" (Tel. 02 32 69 39 30) auf alten Gleisen nach Pont d'Ouilly fahren. Die **Via Ferrata** von Clécy bietet atemberaubende Blicke auf das Viadukt der Orne und die Landschaft der Normannischen Schweiz – im Sommer endet die Kletterpartie mit einer Seilrutsche über den Fluss (http://vertig-sports.com).

RESTAURANT/UNTERKUNFT

Herzhaft ist die Küche im € € **Au Site Normand** (1, rue des Chatelets, Tel. 02 31 69 71 05, www.hotel-clecy.com). € **Le Lion Verd** ist ein gutes Standquartier für Ausflüge (pl. Hôtel de Ville, Putanges-Pont-Écrepin, Tel. 02 33 35 01 86, www.explorenormandy.co.uk/fr).

OFFICE DE TOURISME

2, Place Saint-Sauveur
14220 Thury-Harcourt, Tel. 02 31 79 70 45
www.ot-suisse-normande.com

③ Argentan

Die Kleinstadt an der Orne (13 900 Einw.), von der im 12. Jh. die Vasallen König Heinrichs II. aufbrachen, um Thomas Becket in der Kathedrale von Canterbury zu ermorden, ist ein Zentrum der Spitzenherstellung. Im 17. Jh. lieferten die vier Manufakturen der Stadt ihre „Point Royale de France" an alle Fürstenhöfe Europas. Die Französische Revolution brachte die Fertigung zum Erliegen. Seit 1874 stellen Benediktinerinnen wieder Spitze her. Berühmtester Sohn der Stadt ist der kubistische Maler Fernand Léger (1881–1955).

SEHENSWERT

Im **Abbaye des Bénédictines** kann man ein Video zur Herstellung anschauen und Spitze erwerben (www.abbaye-argentan.fr, Mo.–Sa. 14.30–16.00 Uhr, Eintritt frei). Unterrichtet wird die feine Nadelkunst in der **Maison des Dentelles** (34, rue la Noë, April– Okt. Di.–Sa. 9.00 bis 12.00, 14.00–18.00, So. 15.00–18.00 Uhr, 3,20 €). Gotik, Renaissance und Klassizismus vereint die **Église St-Germain** (15.–17. Jh.), die von 22.30 bis 2.00 Uhr illuminiert wird.

Bergbauerinnerungen: St-Remy sur Orne (oben). Nadelspitzen aus Alençon (oben rechts) Spitzenklöpplerin bei der Arbeit (unten).

Nach dem Zweiten Weltkrieg wieder aufgebaut wurde auch die **Église St-Martin** (urspr. 15./16. Jh.) in der Unterstadt – ihre Buntglasfenster sind noch Originale aus dem 16. Jh. Als einziger der einst 16 Türme der Stadtbefestigung ist die **Tour Marguerite** (15. Jh.) in der Rue la Vicomte erhalten. Das **Château des Ducs** (14. Jh.) dient heute als Justizpalast.

UMGEBUNG

Mitten in der Basse Normandie, der wichtigsten französischen Pferdezuchtregion, liegt das berühmteste Nationalgestüt der Grande Nation: der **TOPZIEL Haras du Pin,** den der Sonnenkönig Ludwig XIV. vor 300 Jahren gründen ließ. Im „Versailles der Pferde", 1715–1730 erbaut und mit einer Parkanlage von Le Nôtre umgeben, stehen 70 Hengste aus zehn Rassen in den Stallungen. Eine Museumserlebniswelt stellt das Gestüt vor (Le Pin-au-Haras, 16 km östl. Argentan, www.haras-national-du-pin.com; April–Sept. tgl. 10.00–18.00, März, Okt. Sa., So. 14.00–17.00, Vorführungen Do. 15.30 Uhr, Eintritt 7 €, mit Parcours Découverte 14 €).

RESTAURANT/UNTERKUNFT

Ein Feinschmeckermekka ist das Restaurant € € / € € € **La Renaissance** von Arnaud Viel mit angeschlossenem Hotel (20, avenue de la 2ème D.B., Tel. 02 33 36 14 20, www.arnaudviel.com; 12 Z.).

OFFICE DE TOURISME

6, place du Marché
BP 205, 61201 Argentan cedex
Tel. 02 33 67 12 48, www.argentan.fr

④ Sées

Seit dem 4. Jh. ist die Kleinstadt (4400 Einw.) an der Orne Bischofssitz.

SEHENSWERT

Die mehrfach zerstörte und wieder aufgebaute **Cathédrale Notre-Dame** (tgl. 9.00–18.00 Uhr, Eintritt frei) ist ein Meisterwerk normannischer Hochgotik; Chor und Querschiff schmücken prächtige Rosetten und Buntglasfenster aus dem 13. Jh. Jeden Freitag und Samstag mit der Licht-Ton-Show **„Musilumières"**.
Sakrale Kunst zeigt das **Musée Départemental d'Art Réligieux** (place du Général de Gaulle, Juli–Sept. Mi.–Mo. 12.00–18.00 Uhr, 2 €).

RESTAURANT/UNTERKUNFT

Im Restaurant des komfortablen und zentralen € € / € € € **Hôtel du Dauphin** kommt normannische Küche auf den Tisch (31, place des Anciennes Halles, Tel. 02 33 80 80 70, www.hotelrestaurant sees.com, 7 Z.).

UMGEBUNG

10 km nordw. liegt bei Mortrée das Wasserschloss **Château d'Ô** (Aug.–11. Sept. tgl. 10.00–16.00 Uhr, Eintritt frei). In **Soligny** (32 km östl.) verkaufen Mönche des Trappistenklosters (12. Jh.) Honig und Käse aus eigener Herstellung (www.latrappe.fr, Klosterladen 10.30–12.00, 15.00–18.00 Uhr).

OFFICE DE TOURISME

place du Général Charles de Gaulle
61500 Sées, Tel. 02 33 28 74 79
http://tourisme-sees.fr

⑤ Mortagne-au-Perche

Den Mauren verdankt die Hauptstadt (4100 Einw.) des Perche nicht nur den Namen, sondern auch die Spezialität „Boudin"; dieser Blutwurst ist ein Markt im März gewidmet. Heute kommen vor allem Radler hierher – der Ort liegt an der 450 km langen Radwanderroute VéloScénie von Paris zum Mont Saint-Michel.

SEHENSWERT

Mittelpunkt des Ortes ist die **Kirche Notre-Dame** (15. Jh.) im Flamboyantstil. Den Kaltblütern „Percheron" ist das **Musée Percheron** gewidmet (Mitte Juni–Mitte Sept. Di.–So. 10.00–12.00, 14.00–18.00 Uhr, 2 €).

RESTAURANT/UNTERKUNFT

Zentral und charmant ist das € € / € € € **Hôtel du Tribunal**; serviert wird hier die Spezialität

"Boudin" (4, place du Palais, Tel. 02 33 25 04 77, www.hotel-tribunal.fr).

UMGEBUNG

Zwischen Mortagne, Bellême und Nogent-le-Rotrou erstrecken sich die bewaldeten Hügel des **Parc Naturél Régional du Perche** (www.parc-naturel-perche.fr).

OFFICE DE TOURISME

36, place du Général de Gaulle
61400 Mortagne-au-Perche
Tel. 02 33 85 11 18
www.ot-mortagneauperche.fr

⑥ Alençon

Ein Faden, so fein wie ein Haar: "Point d'Alençon" gilt als Königin der Spitzen: Er hat nicht nur die Geschichte, sondern auch Kultur und Architektur der Hauptstadt (26 300 Einw.) des Département Orne inspiriert – seit 2010 gehört die Nadelspitze zum immateriellen Weltererbe.

SEHENSWERT

Eine Spitze aus Stein bildet das spätgotische Portal der **Kirche Notre-Dame**. Sehenswert sind die Glasfenster von 1530. Im prachtvollen Adelspalais **Maison d'Ozé** (15. Jh.) an der Place la Magdeleine soll der spätere König Heinrich IV. 1576 übernachtet haben. Die **„Krinoline"** von Alençon, die runde Kornhalle „Halle au Blé" (19. Jh.) wird als Kulturzentrum genutzt; die ehem. herzögliche **Burg** aus dem 14./15. Jh. dient als Gefängnis. Um die **Église St-Léonard** (1489–1505) an der Place Marguerite de Lorraine breitet sich die Altstadt aus, deren Gassen mittelalterliches Fachwerk und schmiedeeiserne Brüstungen zeigen.

MUSEEN

Im ehem. Jesuitenkolleg erläutert das **Musée des Beaux Arts et de la Dentelle** die Unterschiede zwischen den Nadelspitzen aus Alençon, Argentan und Venedig, den Klöppelspitzen sowie den Maschinenspitzen aus Chantilly (12, rue Charles Aveline; Di.–So. 10.00 bis 12.00, 14.00–18.00 Uhr, Juli/Aug. auch Mo. geöffnet, 4,10 €). Im **L'atelier conservatoire de dentelle d'Alençon** (Ilot Charles Aveline, Führungen Mo., Mi., Fr. 14.30–16.30 Uhr, nur nach Voranmeldung Tel. 02 33 32 40 07, 3,10 €) fertigen noch heute Spitzenstickerinnen die Alençonspitze für staatliche Prestige-Objekte.

RESTAURANT/UNTERKUNFT

Im eleganten € € / € € € € **Au Petit Vatel** wird Traditionsküche serviert (72, place du Commandant Desmeulles, Tel. 02 33 26 23 78, www.aupetitvatel.fr). Gäste im € € € **Château de Sarceaux** können sich hier als Schlossherr fühlen (Valframbert, Tel. 02 33 28 85 11, www.chateau-de-sarceaux.com, 4 Z.).

OFFICE DE TOURISME

Maison d'Ozé, place de la Magdeleine
61000 Alençon, Tel. 02 33 80 66 33
www.visitalencon.com

Genießen   Erleben   Erfahren

DuMont Aktiv

Wasserfall-Wanderung

Nur wenige Kilometer von der Küste entfernt zeigt die Normandie ihr bergiges Gesicht. Westlich von Domfront stürzen die höchsten Wasserfälle Westfrankreichs tosend zu Tal. Aus mehr als 20 Meter Höhe rauschen die Wassermassen über die Felsen. Wandern Sie hin!

In Mortain endet die Normannische Schweiz. Ein letztes Mal türmen sich ihre Felsen auf, bevor die Küstenebene an der Baie du Mont St-Michel beginnt. Die Wanderung zu den höchsten Wasserfällen Westfrankreichs beginnt in Mortan an der Zisterzienserabtei L'Abbaye Blanche (12. Jh.) an der D 977. Von dort wird über einen Treppenweg mit Natursteinstufen rasch die Grande Cascade erreicht. Umstanden von alten Bäumen, bahnen sich hier die Wassermassen der Cance den Weg über dunkle Felsen und fallen mehr als 20 Meter krachend in die Tiefe.

Ein schmaler Pfad führt weiter zur „Petite Cascade", wo der Cance-Nebenfluss Cançon eindrucksvolle Felsformationen aus dem Relief gemeißelt hat. Die dramatische Landschaft hat auch die Maler begeistert: Mit Akribie bannte Jean-Baptiste-Camille Corot (1796–1875) das Motiv auf die Leinwand. Am schönsten lassen sich beide Wasserfälle früh am Morgen oder spät am Nachmittag genießen – dann sind Sie ungestört. Am rechten Flussufer lockt ein wahrhaft bukolischer Picknickplatz – der Kletterfels Rocher de l'Aiguille.

Weitere Informationen

Geführte Wanderungen
Office du Tourisme Mortain,
Tel. 02 33 59 19 74, www.mortain-bocage.fr. Die Wasserfälle sind nur über Naturtreppen zu erreichen.

Unterkunft
€ / € € Auberge du Moulin
Moulin de la Sée, 50150 Brouins
Tel. 02 33 59 50 60
www.aubergedumoulin.net

Die Cance und der Cançon bahnen sich ihren Weg durch felsiges Terrain im Hinterland. Bei Mortain stürzen beide über eine Steilstufe als spektakuläre Wasserfälle in die Tiefe.

Fische, Austern, Krebse – alles frisch und teils auch selbst gefangen (oben). Den Hafen von Honfleur säumen verführerische kulinarische Angebote (unten rechts).

Service

*Wichtige Adressen und Servicenummern, Informationen
rund um Anreise, Reisezeit, Sportmöglichkeiten und
zu Essen und Trinken sind hier für Sie zusammengestellt.*

Anreise

Auto: Wichtigste Straßenverbindung für die Anreise ist die mautpflichtige Autobahn Paris–Rouen–Caen.

Berlin – Rouen	1100 km
Stuttgart – Rouen	750 km
Köln – Rouen	520 km
München – Rouen	960 km

Bahn: Von Paris per TGV, ICO oder Nachtzug. Am Bahnhof Saint-Lazare starten die Züge nach Rouen, Le Havre, Dieppe, Fécamp, Évreux, Bernay, Lisieux, Deauville, Caen, Bayeux und Cherbourg, am Bahnhof Montparnasse die Verbindungen nach Alençon, Bagnoles de l'Orne, Argentan und Granville. Zum Mont-St-Michel geht es von Paris im TGV via Rennes.
Flug: Air France, Lufthansa, Eurowings, Easy Jet und TUIfly bieten gute Verbindungen nach Paris, von wo aus Züge und Busse in die Normandie fahren. Die normannischen Flughäfen Caen und Rouen werden von Air France und ihren Töchtern über das Drehkreuz Lyon bedient.
Schiff: Hauptfährhafen der Normandie ist Cherbourg mit Verbindungen nach Großbritannien und Irland. Von Caen schippert Britanny Ferries nach Portsmouth, von Dieppe Transmanche Ferries ins britische Newhaven. LD Lines verbinden Le Havre mit Portsmouth und Newhaven in Südengland.

Auskunft

Im Internet: www.france.fr
Website der Französischen Zentrale für Tourismus mit allen Infos zu Frankreich in deutscher Sprache. Die offizielle deutschsprachige Webseite http://de.normandie-tourisme.fr des regionalen Tourismusverbandes der Normandie bündelt kompakt, was Urlauber wissen wollen – von Aktivurlaub und Wellness bis zu Sehenswertem, Veranstaltungen und Unterkünften. www.normandie.com ist ein privat betriebenes, französisch- und englischsprachiges, sehr informatives Normandie-Portal mit Liebe zum kulturellen Erbe.
In Deutschland: ATOUT FRANCE – Französische Zentrale für Tourismus, Postfach 100128, 60001 Frankfurt am Main, www.france.fr, info.de@france.fr
Österreich: ATOUT FRANCE – Französische Zentrale für Tourismus, www.france.fr, info.at@france.fr
Schweiz: ATOUT FRANCE – Französische Zentrale für Tourismus, www.france.fr, info.ch@atout-france.fr
In der Normandie: Comité Régional du Tourisme de Normandie, 14, rue Charles Corbeau, 27000 Évreux, Tel. 02 32 33 79 00, www.normandie-tourisme.fr
In den Départements:
Calvados: Comité Départemental du Tourisme, 8, rue Renoir, 14045 Caen Cedex 04, Tel. 02 31 27 90 30, www.calvados-tourisme.com
Eure: Hôtel du Département, Boulevard Georges Chauvin, 27003 Evreux cedex, Tel. 02 32 62 04 27, www.eure-tourisme.fr
Manche: Comité Départemental du Tourisme, Maison du Département, Route de Villedieu, 50008 St-Lô cedex, Tel. 02 33 05 98 70, www.manchetourisme.com
Orne: Tourisme 61 - Comité Départemental de Tourisme de l'Orne, Conseil général de l'Orne, Hôtel du Département 27, boulevard de Strasbourg - CS 30528 -61017 Alençon Cedex, Tel. 02 33 28 88 71, www.ornetourisme.com

Seine-Maritime: Comité Départemental du Tourisme, B.P. 60, 6, rue Couronné, 76420 Bihorel, Tel. 02 35 12 10 10, www.seine-maritime-tourisme.com

Autofahren

Alkohol: Promillegrenze 0,5
Führerschein: In Frankreich genügt der nationale Führerschein; die grüne Versicherungskarte ist nicht Pflicht, erleichtert bei Unfällen jedoch die Schadensabwicklung.
Höchstgeschwindigkeit: Autobahn 130 km/h (bei Regen: 110 km/h), Route Express 110 km/h (bei Regen: 100 km/h), National- und Départementstraßen 90 km/h (bei Regen: 80 km/h), innerhalb geschlossener Ortschaften 60 km/h. Schon bei geringen Überschreitungen sind hohe Geldbußen fällig.
Weste: Für jeden Fahrgast muss eine Warnweste mit dem Kontrollzeichen EN471 mitgeführt werden.
Pannendienst: Der deutschsprachige ADAC-Notrufdienst ist in Frankreich unter Tel. 04 72 17 12 22 erreichbar. In den Städten können die „Dépanneur-remorqueur" über den Polizeinotruf Tel. 17 angefordert werden.
Mietwagen: Alle namhaften Autoverleiher sind in der Normandie vor Ort. Die Mietkosten sind deutlich höher als in Deutschland. Eine vorherige Reservierung wird dringend empfohlen. Günstiger als die international agierenden

Im Hafen von Cherbourg legen die Kutter der Garnelenfischer an und sorgen für den Nachschub an Meeresfrüchten.

Mietwagenfirmen sind die nur im Internet buchbaren Online-Autovermieter wie Auto Europe (www.autoeurope.de), die Kontingente bei diesen Firmen reserviert haben und so die gleichen Fahrzeuge zu deutlich günstigeren Konditionen anbieten können.

Botschaften

Deutsche Botschaft:
13–15, avenue Franklin D. Roosevelt
75008 Paris, Tel. 01 53 83 45 00
www.allemagne.diplo.de
Österreichische Botschaft:
6, rue Fabert, 75007 Paris
Tel. 01 40 63 30 63, www.bmeia.gv.at/oeb-paris
Schweizer Botschaft:
142, rue de Grenelle, 75007 Paris
Tel. 01 49 55 67 00
www.eda.admin.ch/paris

Essen und Trinken

Die normannische Küche ist rustikal und doch voller Raffinessen. Butter, Sahne und Milch sind die wichtigsten Grundzutaten.

Speisen: Entlang der Küste gibt es Meeresfrüchte in Hülle und Fülle. Als Delikatesse gilt die „Sole Normand", Seezunge in Sahnesoße mit Champignons und Austern; köstlich sind Hummer aus Barfleur, Garnelen aus Cherbourg und Austern aus Dives-sur-Mer, St-Vaast-la-Hougue und Asnelle. Berühmt sind die Schafe, die entlang der Küste weiden; ihr Fleisch ist „présalé", vom Meerwind vorgesalzen – und so zart, dass Spitzenköche wie Ivan Vautier vom Restaurant „Le Pressoir" in Caen ins Schwärmen geraten. Das Hinterland lockt mit weiteren Köstlichkeiten: Enten aus Rouen, Kalbfleisch von der Halbinsel Cotentin, Rinderkutteleintopf und Huhn in vielen Variationen.
Das Pays d'Auge hat gleich drei berühmte Käse hervorgebracht: den runden Camembert, den strohumwickelten eckigen Livarot und den herzförmigen Pont l'Évêque. Als älteste kulinarische Spezialität der Normandie gilt die Kaldaunenwurst „Andouille de Vire", die über Apfelholz geräuchert wird. Zum Nachtisch gibt es „Bourdelots", Apfel im Teig, oder den ge-

würzten Reispudding „Teurgoule" und für den süßen Hunger zwischendurch die Karamellbonbons von Isigny oder leckere Apfelzuckerstangen.

Getränke: Der normannische Cidre (siehe auch das DuMont-Thema S. 64 f.) wird aus 48 Apfel- und einigen Birnensorten komponiert und aus dünnwandigen Tonschalen getrunken. Der kräftig-trockene Cidre brût ist ein herrli-

cher Durstlöscher mit 5,2% Alkoholgehalt, der Cidre doux die lieblichere – und leichtere – Alternative. Wird Cidre destilliert, entsteht Calvados – jung erinnert er an fruchtigen Obstler, alt an Branntwein. Gemeinsam im Glas, ergeben Cidre und Calvados den beliebtesten Apéritif der Normannen: den Pommeau.

Feste und Feiertage

Gesetzliche Feiertage:
1. Januar **Neujahrstag** (Jour de l'An)
März/April **Ostermontag** (Lundi de Pâques)
1. Mai **Tag der Arbeit** (Fête du Travail)
8. Mai **Waffenstillstand 1945** (Armistice)
Mai/Juni Christi **Himmelfahrt** (Ascension)
Mai/Juni **Pfingstmontag** (Lundi de Pentecôte)
14. Juli **Nationalfeiertag** (Fête Nationale)
15. Aug. **Mariä Himmelfahrt** (Assomption)
1. Nov. **Allerheiligen** (Toussaint)
11. Nov. **Waffenstillstand 1918** (Armistice)
25. Dez. **Weihnachtsfeiertag** (Noël)

Fällt ein Feiertag auf einen Dienstag oder Donnerstag, sind Behörden, Banken und Geschäfte auch am Montag bzw. Freitag geschlossen.

Daten & Fakten

Info

Landesnatur und Klima: Im Osten grenzt die Normandie an das Pariser Becken, im Südwesten erstreckt sich das Amorikanische Massiv, im Norden und Westen folgt auf 600 km eine vielgestaltige Küste mit Klippen, Buchten, Dünen und Stränden dem Ärmelkanal.
Höchste Erhebungen: Signal d'Écouves (417 m), Mont Pinçon (365 m), die Hügel des Perche (350 m)
Längster Fluss: Seine (776 km) – sie entspringt im Burgund und mündet bei Le Havre ins Meer.
Politische Gliederung: Die Normandie ist mit einer Fläche von 30 821 km² so groß wie Belgien. Die Normandie untergliederte sich bis zur Gebietsreform 2016 in die Haute Normandie mit den Départements Seine-Maritime und Eure sowie die Basse-Normandie mit den Départements Orne, Calvados und Manche. Mittlerweile sind die beiden Regionen zur „Normandie" vereinigt.
Bevölkerung: 3,5 Mio. Menschen leben in der Region im Nordwesten Frankreichs. Größte Stadt und alte Hauptstadt der Normandie ist Rouen mit 110 680 Einwohnern (rund 489 900 im Großraum). Weitere große Städte der Normandie sind Caen und die beiden Fähr- und Seehäfen Le Havre und Cherbourg-Octeville. Die Bevölkerung ist überwiegend römisch-katholisch; die Bindungen an die Kirche sind bis heute eng.
Naturschutz: In der Normandie bewahren vier Naturschutzgebiete das Naturerbe. Der Parc Naturel Régional des Boucles de la

Seine Normande erstreckt sich über fünf Seine-Schleifen flussabwärts von Rouen. Den Parc Naturel Régional de Normandie-Maine prägen Buchen-, Eichen- und Kieferwälder und Heideflächen, den Parc Naturel Régional du Perche Hügel, Täler und befestigte Landsitze sowie wertvolle Feuchtgebiete. Der Parc Naturel Régional des Marais du Cotentin et du Bessin umfasst die Marschen und Moore der Cotentin-Senke bei Carentan. Die unbewohnte Felseninsel Mont Tombelaine in der Bucht des Mont St-Michel ist ein Vogelschutzgebiet, das während der Brutzeit nicht betreten werden darf.
Wirtschaft und Tourismus: Die Normandie ist seit alters her ein landwirtschaftlich geprägtes Gebiet, bekannt für Milch-, Käse- und Apfelprodukte. Die Industrie konzentriert sich um Caen und im unteren Seine-Tal bei Rouen sowie Le Havre mit seinem Seehafen und Anlagen der Petrochemie. Weitere wichtige Häfen sind Cherbourg, Dieppe, Fécamp und Le Tréport.
In Paluel bei Veulettes-sur-Mer, Penly bei Dieppe und Famanville an der Cotentinküste wird Kernkraft erzeugt, am Cap de la Hague werden seit dem Jahr 1966 abgebrannte Atombrennstäbe auch aus Deutschland wieder aufbereitet.
Eine große Rolle spielt der Fremdenverkehr – die Normandie besitzt für den Ballungsraum Paris die größte Nähe zum Meer. Der berühmte Mont St-Michel (UNESCO-Welterbe) ist ein Pilgerziel für jährlich rund drei Mio. Gäste.

Zwei zauberhafte Unterkünfte: Le Manoir de la Campagne (o.) und Perché dans la Perche (s. S. 20/21)

Nicht nur für Pferdenarren: das nationale Gestüt Haras National du Pin

Info

Geschichte

9.–6. Jt. v. Chr. Erste Besiedlung der heutigen Normandie
500 v. Chr. Kelten besetzen die Normandie.
58–51 v. Chr. Die Römer erobern das Land und gründen Rotomagnus (Rouen), Juliobona (Lillebonne), Mediolanum (Évreux), Cosedia (Coutances) und Sagium (Sées)
3. Jh. Beginn der Christianisierung
5. Jh. Franken besetzen die Normandie.
6./7. Jh. Erste Klöster entstehen, darunter die Abtei von Jumièges und St-Wandrille bei Caudebec.
ab 820 Einfall von dänischen und norwegischen Wikingern
911 Wikingerführer Rollo wird nach Unterwerfung rivalisierender Stämme 912 erster Herzog der Normandie.
1066 Rollos Nachfahre Wilhelm erobert England und wird als William (the Conqueror) zum König von England gekrönt.
1204 König Johann Ohneland verliert seine normannischen Besitztümer an König Philipp II. August von Frankreich.
1339–1453 Hundertjähriger Krieg. 1418 erobert Heinrich V. von England Rouen; die Normandie wird englisch. 1431 wird Jeanne d'Arc in Rouen als Hexe verbrannt. Karl VII. erobert Rouen 1449 zurück.
1469 Das Herzogtum Normandie wird aufgelöst, das Land königliche Provinz.
16. Jh. Kolonialisationsbemühungen in Übersee scheitern an den Religionskriegen.

1843 Die Eisenbahnlinie von Paris nach Rouen wird eröffnet.
1870–1871 Preußen besetzt im Deutsch-Französischen Krieg Rouen.
6. Juni 1944 D-Day: Zwischen Arromanches und Pointe d'Hoc erobern die Alliierten einen Brückenkopf und durchbrechen Hitlers Atlantikwall. Erst nach drei Monaten, am 21. August 1944, ist die Schlacht beendet; drei Tage später gibt Paris auf. Le Havre, Caen, St-Lô und Cherbourg werden zerstört; Rouen von den Amerikanern noch nach Abzug der Deutschen bombardiert.
1954–1959 Der gebürtige Normanne René Coty aus Le Havre ist Präsident der Republik Frankreich.
2004 60. Jahrestag der Befreiung – erstmals nimmt mit Gerhard Schröder ein deutscher Bundeskanzler an den Feierlichkeiten in der Normandie teil, 2009 kommt US-Präsident Barack Obama.
2008 Einweihung der Gustave-Flaubert-Brücke in Rouen
2011 1100 Jahre Normandie
2014 Internationale Reiterspiele in der Normandie; 70 Jahre D-Day
2015 10 Jahre Welterbe Le Havre
2016 Reform der Regionen: Basse Normandie und Haute Normandie bilden jetzt eine Region – die Normandie.
2017 500 Jahre Le Havre
2019 75 Jahre D-Day

Feste

Jan. Antiquitätenmarkt, **Rouen**
März Blutwurstmarkt, **Mortagne-au-Perche**
April – Sept. Kunstbiennale, **Cherbourg**
Ostern, Musikfestival, **Deauville**
Mai Les rencontres de **Cambremer** (s. S. 80)
Mai Jazz unter Apfelbäumen, **Coutances**
Juni D-Day Festival, **Bayeux**
Juni Johanna-von-Orléans-Fest, **Rouen**
Juli Mittelalterfest, **Bayeux**
Sept. „Septembre Musical", Musikfestival im gesamten **Département Orne** an außergewöhnlichen Orten
Sept. Festival des amerikanischen Films, **Deauville**
Okt. Equi'Days – Pferderennen/-schauen, Gestütsbesichtigungen im **Département Calvados**
Okt. „Fête du Ventre", Gourmet-Fest, **Rouen**
Nov. „Le goût du Large" (Der Geschmack des weiten Meeres), **Port-en-Bessin**
Dez. Jakobsmuschelfest, **Grandcamp-Maisy**

weitere Feste s. DuMont Favoriten S. 110/111

Geld

In Frankreich ist der Euro offizielles Zahlungsmittel. An den französischen Geldautomaten (Bancomat) kann mit Kredit-, Bank- und Postbankkarten rund um die Uhr Geld abgehoben werden.

Hotels/Unterkunft

Besondere Hotels werden unter „DuMont Favoriten" S. 20/21 vorgestellt. Weitere Empfehlungen siehe Infoseiten der jeweiligen Kapitel. Es gelten folgende Preiskategorien:

Preiskategorien

€ € € €	Doppelzimmer	über 250 €
€ € €	Doppelzimmer	170 – 250 €
€ €	Doppelzimmer	80 – 170 €
€	Doppelzimmer	bis 80 €

Bed & Breakfast: „Chambres d'hôtes" nennt sich die französische Form. Wird auch ein Dinner serviert, steht im Verzeichnis, das kostenlos beim Tourismusverband der Normandie erhältlich ist, der Zusatz „table d'hôtes".
Camping: 418 Plätze heißen Camper willkommen. Eine Übersicht der Plätze samt Kategorie bietet www.campingfrance.com. Wohnmobilisten finden 271 Stellplätze und Stationen. Gute Ausstattung und attraktive Lage zeichnen die überwiegend in Schlossparks gelegenen Plätze der Vereinigung „Les Castels" aus (www.les-castels.com).
Ferienwohnungen und -häuser: Unterkünfte vermittelt „Gîtes de France" (40 Avenue de Flandre, 75019 Paris, Tel. 01 49 70 75 75, www.gites-de-france.com).

Hotels: Ausgefallene Unterkünfte mit normannischem Charme haben sich zu den „Hôtels-Restaurant de Charme en Normandie" zusammengetan; kostenloser Prospekt beim Comité Régional du Tourisme de Normandie.
Ein gelber Kamin auf grünem Grund signalisiert ein Logishotel, das stets ein gutes Preis-Leistungs-Verhältnis und eine hervorragende regionale Küche bietet (83, avenue d'Italie, 75013 Paris, Tel. 01 45 84 83 84, www.logishotels.com).
Jugendherbergen: Ein Verzeichnis der normannischen Jugendherbergen gibt es bei der Ligue Françaises pour les Auberges des Jeunesse (www.auberges-de-jeunesse.com) und der Fédération Unie des Auberges de Jeunesse (www.fuaj.org).

Literatur

Belletristik: Flaubert wurde in Rouen geboren, Guy de Maupassant auf Schloss Miromesnil, Marcel Proust ließ sich von den normannischen Seebädern inspirieren – die Normandie lädt zur literarischen Spurensuche.
Pierre Corneille, Le Cid. Cornelsen 2006: Mit dieser Tragikomödie, in der die aristokratische Standesehre über die Liebe siegt, gelang Pierre Corneille 1636 der Durchbruch.
Gustave Flaubert, Madame Bovary. Diogenes 2005: Eine junge Landarztgattin sehnt sich nach Leidenschaft und Luxus, wird aber immer von der Enge ihrer Verhältnisse eingeholt.
Michel Bussi, Die Frau mit dem roten Schal, Aufbau-Verlag 2015. Im Hauptberuf lehrt der gebürtige Normanne als Politologe und Geograph an der Uni von Rouen, sein Hobby machte ihn zum meistverkauften Krimi-Autor Frankreichs. Sein siebter Thriller (s.o.) sorgt an der Alabasterküste für Spannung.
Jonathan Hull, In der Ferne die Normandie. DTV 2007: Ein Großvater und sein Enkel begeben sich auf Europafahrt, hin zu den Schauplätzen des Zweiten Weltkrieges. An der Landungsküste erzählen beide von ihren Verletzungen – eine einfühlsame Geschichte der Annäherung zwischen einem unglücklichen 16-Jährigen und seinem verbitterten Großvater.
Ulrich Wickert, Das Schloss in der Normandie, Heyne 2017. Der ehemalige Tagesthemenmoderator verbindet in seinen Krimis französisches Lokalkolorit, Kriminalfall und politisch-sozialen Background zu einem spannenden Mix: Was haben die entflohenen Frauen einer Nervenheilanstalt mit Äquatorialguinea zu tun? Kommissar Jacques Ricou ermittelt.
Guy de Maupassant, Bel Ami. Insel 2009: Roman über den schillernden Aufstieg von Georges Duroy.
Marcel Proust, Auf der Suche nach der verlorenen Zeit. Suhrkamp 2008: Der Klassiker über das Badeleben an der Blumenküste während der Belle Époque.
Reiseführer:
Marco Polo, „Normandie". Mairdumont 2017, mit vielen Insider-Tipps und Sprachführer
DuMont Reise-Taschenbuch Normandie. Mairdumont 2016, kompakte Reiseinfos, Hintergrundwissen, zehn Entdeckertouren

Reisezeit

Die Saison in der Normandie dauert von Ostern bis Sept., Hauptreisezeit sind Juli und August, wenn Frankreich Ferien macht. An den Hauptzielen ballen sich dann die Besucher, die Unterkünfte entlang der Küste sind ausgebucht. Im Herbst kommen die Kulturtouristen, im Frühjahr die Naturfreunde, die das reiche Tier- und Vogelleben entlang der Küste mit Feldstecher und Digicam beobachten.
Von Oktober bis März schließen viele Hotels, zahlreiche Sehenswürdigkeiten haben ihre Öffnungszeiten drastisch reduziert. Dennoch: Die Normandie hat zu jeder Jahreszeit ihren Reiz.

Restaurants

Ausgewählte Restaurantempfehlungen werden auf den Infoseiten der jeweiligen Kapitel vorgestellt. Dabei gelten folgende Preiskategorien:

Preiskategorien

€ € € €	Hauptspeisen	über 50	€
€ € €	Hauptspeisen	30 – 50	€
€ €	Hauptspeisen	20 – 30	€
€	Hauptspeisen	10 – 20	€

Sport

Angeln: 14 500 km Wasserläufe und 600 km Küste bescheren Anglern reichen Fang. An der Küste gehen Dorsch, Makrele und Wolfsbarsch an den Haken, Seen und Teiche sind reich an Hecht und Zander. Zahlreiche fischreiche Fangplätze bieten auch die normannischen Flüsse. Unter www.federation peche.fr finden Angler Infos zu Fischarten, Fangstellen und Regeln.
Bungeejumping: Wagemutige können sich vom Viaduc de la Souleuvre zwischen Vire und St-Lô 61 m in die Tiefe stürzen (www.ajha ckett.com/normandie, 139 €).
Golf: Klima und Topografie machen die Normandie zu einem Traumziel für Golfer, die hier auf 40 Plätzen – 10 davon direkt am Meer – abschlagen können. Als schönster Golfplatz gilt der Golf du Champ de Bataille in der Nähe von Le Neubourg südl. Rouen; der Golf d'Étretat thront aussichtsreich auf den mehr als 100 Meter hohen Kreideklippen.
Klettern: Ein Paradies sind die beiden wichtigsten Felsen der Normannischen Schweiz: Pain de Sucre und Rocher de la Houle.
Radfahren: Muskelkater können sich Radwanderer in der Heimat des fünfmaligen Tour-de-France-Siegers Jacques Anquetil (1934–1987) zuziehen – die Normandie ist nicht so flach, wie man es sich vorstellt. Mountain-Bike-Fans lieben die Hänge der Roche d'Oëtre. Radel-Highlights sind die 406 km lange Grüne Straße (voie verte) London-Paris, die 450 km lange VéloScénie (www.veloscenie.com) von Paris via Alençon zum Mont St-Michel sowie die 617 km lange Vélo Francette (www.lavelo francette.com) von Caen nach La Rochelle. Hinzu kommen 500 km markierter Radwege.
Reiten: Mit zwei Nationalgestüten (Haras) sowie internationalen Turnieren in Deauville, Caen, Lisieux, Rouen, Graignes und Argentan ist die Normandie ein Pferdeland. Mehr als 90 Reitzentren bieten Kurse für Anfänger und Fortgeschrittene, Ausritte und mehrtägige

Am extrabreiten Strand vor Deauville heißt es für viele Akteure: Auffallen um jeden Preis.

Wanderritte. Besondere Erlebnisse bieten die Strandritte in Deauville, die dort der berühmte Poney-Club organisiert, und das Pferderennen am Strand von Jullouville.

Wandern: Ein 3000 km langes Wandernetz durchzieht die Normandie. Die überregionalen Wanderwege, Grande Randonnée (GR) genannt, sind mit rotem und weißem Querbalken ausgezeichnet, die regionalen Routen – Grande Randonée de pays – mit gelben und roten und die lokalen – Petite Randonnée – nur mit einem gelben Balken. Hilfreich bei der Tourenplanung ist die Karte „Randonnées Normandes", kostenlos erhältlich beim Comité Régional de Tourisme de Normandie (siehe S. 116).

Wassersport: Das riesige Angebot umfasst Ferienkurse („Stages") für Segler, Surfer und Taucher, Einführungen ins Kitesurfen, Strandsegeln und Wasserski fahren. Ein dichtes Netz an Jachthäfen für alle Bootsklassen sowie Verleihstationen für Boote, Boards und anderes Sportgerät sorgt dafür, dass die Reisenden in jedem Urlaubsort an der Küste auf ihre Kosten kommen können.

Telefon

Ländervorwahlen:
Deutschland: 0049
Österreich: 0043
Schweiz: 0041
Liechtenstein: 00423
Frankreich: 0033
Danach Rufnummer ohne 0 am Anfang wählen

Notrufe

Polizei („Police Sécours"): Tel. 17
Feuerwehr („Pompier"): Tel. 18
Rettungswagen/Notarzt (S.A.M.U, „ambulance"): Tel. 15

Zoll

Reisende aus der EU: Da Frankreich zum Binnenmarkt der Europäischen Union gehört, ist der private Warenverkehr weitgehend zollfrei. Für den privaten Gebrauch gelten folgende Höchstmengen: 800 Zigaretten, 400 Zigarillos, 200 Zigarren, 1 kg Rauchtabak, 10 l Spirituosen, 90 l Wein (davon maximal 60 l Schaumwein) sowie 110 l Bier.
Reisende aus der Schweiz: Bei der Wiedereinreise in die Schweiz liegt die Freigrenze bei 1 l Spirituosen mit mehr als 15 Vol. % Alkoholgehalt oder 2 l Spirituosen mit weniger als 15 Vol. % Alkoholgehalt. Die Obergrenze für zollfreie Souvenirs beträgt 300 CHF.
Devisen: über 10 000 € beim Zoll anmelden.

Info

Wetterdaten Caen

	TAGES-TEMP. MAX.	TAGES-TEMP. MIN.	WASSER-TEMP.	TAGE MIT NIEDER-SCHLAG	SONNEN-STUNDEN PRO TAG
Januar	7 °	2 °	9 °	12	2
Februar	8 °	2 °	8 °	11	3
März	11 °	3 °	8 °	12	4
April	13 °	5 °	9 °	10	6
Mai	16 °	8 °	11 °	11	7
Juni	19 °	10 °	13 °	8	7
Juli	22 °	12 °	15 °	7	7
August	22 °	12 °	16 °	8	7
September	20 °	11 °	16 °	9	6
Oktober	16 °	8 °	14 °	10	4
November	11 °	5 °	12 °	14	3
Dezember	8 °	3 °	10 °	12	2

Die Leuchtfeuer von Fécamp führen heimkehrende Fischer wie Schutz suchende Sportbootfahrer sicher in den Hafen.

Register

Fette Ziffern verweisen auf Abbildungen

A
Alençon **108, 109**, 109, 114, 115
Argentan 93, 105, 109, 114, 119
Arromanches-les-Bains 7, **73/74**, 83, 84

B
Bagnoles-de-l'Orne 80, 105, **113**
Balleroy, Château de **75**, 84
Barfleur 91, **92, 99**, 100, 117
Barneville-Carteret 89, 100
Bayeux 7, 75, **76, 77**, 77, 79, **84**, 84, 109, 118
Beaumesnil 7, **36**, 37, 81
Bellou-le-Trichard **21, 118**
Beuvron-en Auge 60, 61, 70, 71
Bretteville-du-Grand-Caux 66
Breuil-en-Auge **62, 63,** 66

C
Cabourg **18/19, 56**, 57, **58, 70**, 70
Caen 27, **78**, 79, 83, 84, 116, 117
Cambremer 61, **80**, 80
Camembert 61, 62, 63, 70, 81, 117
Carentan 100
Carrouges, Château **113**
Caudebec-en-Caux **35**, 35
Cherbourg 7, **10/11**, 91, **99, 117**
Clécy **104, 105**, 113
Colleville-sur-Mer **83**, 83
Cormeilles 61
Courseulles-sur-Mer **74**, 83, 84, 85
Coutances 100, 110, 118
Croix de la Faverie 104

D
Damiette **25**
Deauville 7, **56, 57**, 57, 59, 69, 70, 80, 81, 118, 119
Dieppe 43, **44**, 45, **51, 52**, 111
Dives-sur-Mer **56**, 70, 117
Domfront 113, 115

E/F
Étretat **8/9**, 41, **44, 45, 52**, 111
Eu **42**, 51
Évreux **31**, 37, 116
Falaise 44, 51, **84**, 85
Fécamp **38/39**, 43, **43, 46, 52**, 53, 80, 111, 120

G
Gaillard, Château **26**, 27, 37
Giverny **16/17, 20, 22/23, 27,** 29, 30, **31**, 36, **37**, 37
Grandcamp **81**, 81
Granville **30**, 30, 71, **88, 89**, 95, 110, **110**

H/J
Hambye, Abbaye de 27

Honfleur 7, **54/55**, 57, **69, 116**
Jullouville 71, **71**
Jumièges 27, 35

L
La Hague, Cap 89, 90, 91, 99
Landungsküste 75, 83, **83**
Le Bec-Hellouin **36**, 37
Le Breuil-en-Auge **80**, 81
Le Havre 21, 29, 30, 41, 47, **48, 49, 52**, 53, 57, 111, 116, 117, 118
Le Mesnil-sous-Jumièges 21
Le Pin-au-Haras **111**, 114, **118**
Le Renouard 21
Les Andelys 26, 27
Les Petites Dalles **42**
Lessay, Abbaye de 27, 89
Le Tréport 41, 51, 111
Lieurey 111
Lillebonne 25, **46**
Lisieux **61**, 66, **70**, 71
Livarot 61, 62, 63, 70, 117
Lyons-la-Forêt 36

M/N
Marais Vernier **28**, 29
Miromesnil, Château 45, 47, 52
Mont St-Michel **14/15, 86/87, 94–97**, 96, 97, 101, 111
Mortagne-au-Perche 114, 118
Mortain **115**

O
Ô, Château d' **106/107**, 114
Offranville **20**
Omonville-La-Petite **91**
Orne-Tal **102/103, 104**
Ouistreham 75, **83**, 84

P
Pointe d'Agon **90**
Pointe du Hoc **74**, 75, 83
Pont-Audemer 61, 69
Pont-l'Évêqur 70, 71
Portbail **89**
Port-en-Bessin 84, 118
Port-Racine **90**, 99

R
Ranville-Bénouville 83
Repentigny **21**
Rouen **12/13, 24, 25,** 25, 27, 29, 32, **35**, 35, 52, 77, 107

S
Sées 27, 107, 114, 118
St-Céneri-de-Gérei **106**, 110, **111**
Ste-Mère-Église 100
St-Germain-des-Veaux 30, 99
St-Laurent-sur-Mer 83
St-Lô 91, 93, **100**, 100
St-Philbert-des-Champs **80**
St-Vaast-la-Hougue 91, **92**, 100
St-Valery-en-Caux 32, **40**

T
Tatihou 31, 91, 100, **111**, 111
Tocqueville 20
Treport **41**
Trouville **20**, 37, 57, **58, 59**, 69, 70

V/Y
Valognes 100

Varengeville 32, **33**, 52
Vauville **93**
Vendeuvre **110**, 110
Vernon **26**, 36
Veules-les-Roses 43, **47**
Villers-sur-Mer 70
Vire 93, 95
Yébleron 20, **118**

Impressum

5. Auflage 2018
© DuMont Reiseverlag, Ostfildern
Verlag: DuMont Reiseverlag, Postfach 3151, 73751 Ostfildern, Tel. 0711/4502-0, Fax 0711/4502-135, www.dumontreise.de
Geschäftsführer: Dr. Thomas Brinkmann, Dr. Stephanie Mair-Huydts
Programmleitung: Birgit Borowski
Redaktion: Achim Bourmer
Text: Hilke Maunder, Hamburg
Exklusiv-Fotografie: Michael Pasdzior, Hamburg
Titelbild: laif/hemis.fr/Patrick Escudero (Mont St. Michel)
Zusätzliches Bildmaterial: AFP getty-images/Triballeau, C. S. 81o.l., allOver Galerie Photo/B. Kirchhof S. 78/79, Atout France/ A. Sölter S. 53, Bildagentur Huber / F. Lukasseck S. 14/15, Bildagentur Huber / M. Ripani S. 118r, Bildagentur Huber / M. Hallberg 80, 110o., Bildagentur Huber / V. Leplat S. 660, Bilderberg / E. Grames S. 24, 66u, Bildstelle / REX Features S. 22, Biosphoto / Vincent, M.&Studler E. S. 115, Bouquet, Mathieu / Gîte du Colombier S. 20r, Charp, G. / www.giselcharp.fr S. 111o.r., Chateau Breuil S. 80l, Chateau de Vendeuvre S. 110l, corbis / John Wilkes Studio S. 71, Domaine de la Cour au Grip S. 21u, DuMont Bildarchiv/E. Fleisher S. 97, Duvard / www.Andia.fr S. 48u, Fête de la Chasse et de la Pêche S. 110.l., F. Monheim/ Bildarchiv Monheim S. 5, 49o, hemis.fr / J. Frumm S. 65r, hemis.fr / J.D. Sudres S. 65l, Int. Photography N. van Ryk S. 76o, 76u, 94o, Interfoto S. 47u, La Cité de la Mer / S. Guichard S. 7M, 99, La Dime S. 21o.l., La Maison du Chef Normand S. 80r, laif S. 52u, laif / B. Rieger/ hemis S. 51, laif / C. Boisvieux S. 99, laif / F.Cormon / hemis.fr S. 8/9, laif / hemis S. 32u, 48, 81u, laif / hemis / A.Chicurel S. 31r, laif / Hoa-Qui S. 31l, 37, laif / Le Figaro Magazine S. 119, laif / Vogel / Le Figaro Magazine S. 4u, 33, laif / Le Franc / Le Figaro Magazine S. 32o, Le Manoir de la Campagne S. 118, Les Cures Marines S. 20l, Les Traversées Tatihou / D. Sacher S. 111u, LOOK-foto / A. Wohner S. 59o, LOOK-foto /F.M. Frei S. 12/13, 99u, LOOK-foto / SagaPhoto S. 16/17, LOOK-foto / H. Wohner S. 85, mauritius images / age S. 100, mauritius images/ Alamy S. 7, 69u.r., 83l, 86/86, 110r, mauritius images / imageBROKER / decode S. 117, mauritius images / imageBROKER / J.Tack S. 81l, mauritius images/ imageBROKER/ K.F. Schöfmann S. 96, mauritius images / imageBROKER/ P.Williams Funkystock S. 69 o.r., mauritius-images / age S. 72/73, Normandie Tourisme S. 530, 53u, Normandie Tourisme/ A. Sölter S. 114o, 114u, Ouest-France/ P. Simon S. 71, Perché dans la Perche S. 21 o.r., 118, Sölter, A. S. 30, Stockfood/ B. Lutterbeck, S. 67, Visum / A. Buellesbach S. 74
Grafische Konzeption, Art Direktion: fpm factor product münchen
Cover Gestaltung: Neue Gestaltung, Berlin
Layout: Dagmar Rogge
Kartografie: © MAIRDUMONT GmbH & Co. KG, Ostfildern
Kartografie Lawall (Karten für „Unsere Favoriten")
DuMont Bildarchiv: Marco-Polo-Straße 1, 73760 Ostfildern, Tel. 0711/4502-266, Fax 0711/4502-1006, bildarchiv@mairdumont.com
Für die Richtigkeit der in diesem DuMont Bildatlas angegebenen Daten – Adressen, Öffnungszeiten, Telefonnummern usw. – kann der Verlag keine Garantie übernehmen. Nachdruck, auch auszugsweise, nur mit vorheriger Genehmigung des Verlages. Erscheinungsweise: monatlich.
Anzeigenvermarktung: MAIRDUMONT MEDIA, Tel. 0711 450 20, Fax 0711 45 02 10 12, media@mairdumont.com, http://media.mairdumont.com
Vertrieb Zeitschriftenhandel: PARTNER Medienservices GmbH, Postfach 810420, 70521 Stuttgart, Tel. 0711 72 52-212, Fax 0711 72 52-320
Vertrieb Abonnement: Leserservice DuMont Bildatlas, Zenit Pressevertrieb GmbH, Postfach 810640, 70523 Stuttgart, Tel. 0711/7252-265, Fax 0711/7252-333, dumontreise@zenit-presse.de
Vertrieb Buchhandel und Einzelhefte: MAIRDUMONT GmbH & Co. KG, Marco-Polo-Straße 1, 73760 Ostfildern, Tel. 0711 45 02 0, Fax 0711 45 02 340
Reproduktionen: PPP Pre Print Partner GmbH & Co. KG, Köln
Druck und buchbinderische Verarbeitung: NEEF + STUMME premium printing GmbH & Co. KG, Wittingen, Printed in Germany

FSC
www.fsc.org
MIX
Papier aus verantwortungsvollen Quellen
FSC® C001857

Lieferbare Ausgaben

Die Kanaren sind vom Klima begünstigt – beste Voraussetzung für herrliche Strandtage.

Hamburgs Herz pocht an Elbe und Alster.

Hamburg

Deutschlands Tor zur Welt
Der Hafen ist das Aushängeschild der Hansestadt, aber Hamburg hat natürlich noch weit mehr zu bieten, wir präsentieren alle Highlights.

Urbane Visionen
Aus alten Hafenvierteln werden trendige Stadtteile. Erleben Sie das „neue" Hamburg.

Shopping hanseatisch
Hamburger Trend-Labels und Traditionshäuser, hier kaufen Sie zwar nicht günstig, aber gut!

Teneriffa
La Palma · La Gomera · El Hierro

Paradiesische Inseln
Sie wissen noch nicht wohin? Wir stellen Ihnen die Westkanaren ausführlich in Bild und Wort vor.

Exklusiv wohnen
Warum sich nicht mal etwas Besonderes gönnen, die besten Adressen auf Teneriffa und den kleinen Kanareninseln.

Wandern mit Aussicht
Unsere Favoriten – die neun erlebnisreichsten Wanderungen auf den Kanaren.

www.dumontreise.de

DEUTSCHLAND
119 Allgäu
092 Altmühltal
105 Bayerischer Wald
180 Berlin
162 Bodensee
175 Chiemgau,
    Berchtesgadener Land
013 Dresden, Sächsische Schweiz
152 Eifel, Aachen
157 Elbe und Weser, Bremen
168 Franken
020 Frankfurt, Rhein-Main
112 Freiburg, Basel, Colmar
028 Hamburg
026 Hannover
    zwischen Harz und Heide
042 Harz
023 Leipzig, Halle, Magdeburg
131 Lüneburger Heide, Wendland
188 Mecklenburgische Seen
038 Mecklenburg-Vorpommern
033 Mosel
190 München
047 Münsterland
015 Nordseeküste
    Schleswig-Holstein
006 Oberbayern
161 Odenwald, Heidelberg
035 Osnabrücker Land, Emsland
002 Ostfriesland,
    Oldenburger Land
164 Ostseeküste
    Mecklenburg-Vorpommern
154 Ostseeküste
    Schleswig-Holstein
136 Pfalz
040 Rhein zw. Köln und Mainz
185 Rhön
186 Rügen, Usedom, Hiddensee
137 Ruhrgebiet
149 Saarland
182 Sachsen
081 Sachsen-Anhalt
117 Sauerland, Siegerland
159 Schwarzwald Norden
045 Schwarzwald Süden
018 Spreewald, Lausitz
008 Stuttgart, Schwäbische Alb
141 Sylt, Amrum, Föhr
142 Teutoburger Wald
170 Thüringen
037 Weserbergland
173 Wiesbaden, Rheingau

BENELUX
156 Amsterdam
011 Flandern, Brüssel
179 Niederlande

FRANKREICH
177 Bretagne
021 Côte d'Azur
032 Elsass
009 Frankreich Süden
    Okzitanien
019 Korsika
071 Normandie
001 Paris
115 Provence

GROSSBRITANNIEN/IRLAND
187 Irland
130 London
189 Schottland
030 Südengland

ITALIEN/MALTA/KROATIEN
181 Apulien, Kalabrien
017 Gardasee, Trentino
110 Golf von Neapel, Kampanien
163 Istrien, Kvarner Bucht
128 Italien, Norden
005 Kroatische Adriaküste
167 Malta
155 Oberitalienische Seen
158 Piemont, Turin

014 Rom
165 Sardinien
003 Sizilien
140 Südtirol
039 Toskana
091 Venedig, Venetien

**GRIECHENLAND/
ZYPERN/TÜRKEI**
034 Istanbul
016 Kreta
176 Türkische Südküste, Antalya
148 Zypern

MITTEL- UND OSTEUROPA
104 Baltikum
094 Danzig, Ostsee, Masuren
169 Krakau, Breslau,
    Polen Süden
044 Prag
193 St. Petersburg

ÖSTERREICH/SCHWEIZ
192 Kärnten
004 Salzburger Land
196 Schweiz
144 Tirol
197 Wien

SPANIEN/PORTUGAL
043 Algarve
093 Andalusien
150 Barcelona
025 Gran Canaria, Fuerteventura,
    Lanzarote
172 Kanarische Inseln
124 Madeira
174 Mallorca
007 Spanien Norden, Jakobsweg
118 Teneriffa, La Palma,
    La Gomera , El Hierro

SKANDINAVIEN/NORDEUROPA
166 Dänemark
153 Hurtigruten
029 Island
099 Norwegen Norden
178 Norwegen Süden
151 Schweden Süden, Stockholm

**LÄNDERÜBERGREIFENDE
BÄNDE**
123 Donau – Von der Quelle
    bis zur Mündung
112 Freiburg, Basel, Colmar

AUSSEREUROPÄISCHE ZIELE
183 Australien Osten, Sydney
109 Australien Süden, Westen
195 Costa Rica
024 Dubai, Abu Dhabi, VAE
160 Florida
036 Indien
027 Israel, Palästina
111 Kalifornien
031 Kanada Osten
191 Kanada Westen
171 Kuba
022 Namibia
194 Neuseeland
041 New York
184 Sri Lanka
048 Südafrika
012 Thailand
046 Vietnam